Chris Hohlstamm von Dehnen

HEILE DEINE AHNEN
HEILE DICH SELBST
MIT MENTALEN TECHNIKEN ALTE ENERGIEN TRANSFORMIEREN

Impressum

© 2025 Chris Hohlstamm von Dehnen

Rechtliches und Copyright:

Bibliografische Information der Deutschen Nationalbibliothek:
Die Deutsche Nationalbibliothek verzeichnet diese Publikation in der Deutschen Nationalbibliografie; detaillierte bibliografische Daten sind im Internet über http://dnb.dnb.de abrufbar.

Copyright © Mein Lebensfreudeverlag Chris Hohlstamm von Dehnen
Alle Rechte vorbehalten. Ausgabe: 1. Auflage 03.2025
Lektorat: Mein Lebensfreudeverlag, Chris Hohlstamm von Dehnen
Korrektorat: Mein Lebensfreudeverlag

Verlag: BoD · Books on Demand GmbH, In de Tarpen 42, 22848 Norderstedt
bod@bod.de
Druck: Libri Plureos GmbH, Friedensallee 273, 22763 Hamburg
ISBN: 978-3-7693-0773-3

Inhalt

23

Einleitung - Vorwort

Warum dieses Buch?

Die Menschheit hat sich im Laufe der Jahrhunderte durch eine Kette von Generationen entwickelt. Jede Seele, die vor uns war, hat einen Beitrag geleistet – sei es durch bewusste Entscheidungen oder unbewusste Prägungen. Wir sind Erben der Erfahrungen, Gedanken und Emotionen unserer Ahnen. Doch was bedeutet das für unser eigenes Leben? Warum lohnt es sich, diese Verbindung bewusst wahrzunehmen und mit ihr zu arbeiten?

Dieses Buch soll eine Brücke schlagen zwischen der Vergangenheit, der Gegenwart und der Zukunft. Es lädt dich dazu ein, die verborgenen Muster deiner Ahnenlinie zu entdecken und durch gezielte mentale Techniken zu transformieren, was dich möglicherweise zurückhält. Oft tragen wir Lasten, die nicht unsere eigenen sind, die aber unsere Realität formen. Ohne Bewusstsein darüber sind wir wie ein Schiff ohne Steuer, das von verborgenen Strömungen gelenkt wird.

Ahnenheilung ist mehr als ein esoterisches Konzept – sie ist ein machtvolles Werkzeug zur inneren Befreiung. Durch gezielte Übungen und Reflexion kannst du nicht nur dein eigenes Leben klären, sondern auch Frieden in deine gesamte Ahnenlinie bringen. Dieses Buch wird dir zeigen, wie du alte energetische Verstrickungen löst, unbewusste Glaubenssätze transformierst und die Kraft deiner Ahnen bewusst für dein eigenes Wachstum nutzt.

Die unsichtbare Verbindung zu unseren Ahnen

Ob wir es bewusst wahrnehmen oder nicht – unsere Ahnen leben in uns weiter. Diese Verbindung ist nicht nur symbolisch oder metaphorisch, sondern hat eine sehr reale energetische und psychologische Wirkung. Die Lebensweise unserer Vorfahren, ihre Erfahrungen, ihre Freuden und Leiden sind in unserem Zellgedächtnis gespeichert. Auch unsere Denkweisen, unsere unbewussten Reaktionen und tief verwurzelte Verhaltensmuster können durch Ahnenprägungen beeinflusst sein.

Viele alte Kulturen haben Rituale und Zeremonien entwickelt, um mit den Ahnen in Kontakt zu treten und ihre Weisheit zu empfangen. Heute haben viele diese Praxis vergessen, doch die Verbindung besteht weiterhin. Manche Menschen spüren die Anwesenheit ihrer Ahnen in Träumen, andere empfangen intuitive Eingebungen oder erleben unerklärliche emotionale Reaktionen in bestimmten Lebenssituationen. Diese Zeichen sind Hinweise darauf, dass unsere Ahnen nicht nur eine Geschichte in der Vergangenheit sind, sondern ein lebendiger Teil unseres inneren Seins.

Durch bewusste Ahnenarbeit kannst du diese Verbindung vertiefen. Du kannst lernen, die Sprache der Ahnenenergie zu verstehen, alte Lasten loszulassen und die positiven Gaben deiner Ahnen bewusst in dein Leben zu integrieren. Jeder Mensch trägt eine Ahnenlinie in sich – die Frage ist, ob du sie als Last oder als Kraftquelle wahrnimmst.

Wie unbewusste Muster aus der Ahnenlinie dein Leben beeinflussen

Hast du dich jemals gefragt, warum sich in deinem Leben bestimmte Muster immer wiederholen? Warum bestimmte Ängste, Glaubenssätze oder Blockaden sich hartnäckig halten, obwohl du sie mit viel Willenskraft zu überwinden versuchst? Die Antwort liegt oft tiefer, als unser bewusster Verstand erfassen kann.

Unsere Ahnen haben nicht nur materielle Güter hinterlassen, sondern auch emotionale und energetische Prägungen. Traumatische Erlebnisse, Kriegszeiten, Verluste oder familiäre Konflikte können über Generationen hinweg weitergegeben werden. Dies geschieht nicht nur durch Erziehung oder Sozialisation, sondern auch auf einer tieferen, energetischen Ebene. Unbewusst tragen wir die Lasten unserer Ahnen mit uns – bis wir uns entscheiden, sie bewusst zu transformieren.

Ein Beispiel: Wenn in einer Familie über Generationen hinweg Armut, Angst oder Schuldgefühle eine Rolle gespielt haben, können sich diese Muster in den Nachkommen fortsetzen – selbst wenn sich die äußeren Umstände längst verändert haben. Das Nervensystem, das emotionale Gedächtnis und sogar die Zellinformationen tragen die energetischen Spuren vergangener Erfahrungen in sich.

Doch das bedeutet nicht, dass du diesen Mustern ausgeliefert bist. Sobald du sie erkennst und mit geeigneten Techniken bearbeitest, kannst du sie durchbrechen. Dieses Buch zeigt dir, wie du alte Prägungen aufspürst, sie bewusst transformieren und dein eigenes Leben von diesen unbewussten Fesseln befreien kannst.

Wissenschaft, Spiritualität und mentale Techniken zur Ahnenheilung

Die Verbindung zwischen Wissenschaft und Spiritualität wird immer deutlicher. Während spirituelle Traditionen seit Jahrtausenden Rituale zur Ahnenheilung praktizieren, liefern moderne Forschungen in der Epigenetik, Neurobiologie und Quantenphysik inzwischen Belege dafür, dass vergangene Erlebnisse tatsächlich über Generationen hinweg weitergegeben werden.

Epigenetische Studien zeigen, dass emotionale Traumata die Genexpression beeinflussen können. Das bedeutet: Ein Trauma, das ein Vorfahre erlebt hat, kann auf biologischer Ebene an die Nachkommen weitergegeben werden – nicht als feste genetische Veränderung, sondern als eine Art „Erinnerung", die sich in der Aktivität bestimmter Gene manifestiert. So können beispielsweise Stressreaktionen, Ängste oder innere Blockaden aus einer vergangenen Generation in dir wirken, selbst wenn du nie direkt mit dem ursprünglichen Trauma konfrontiert warst.

Parallel dazu gibt es aus der Quantenphysik Erkenntnisse, die zeigen, dass unser Bewusstsein und unsere Intentionen direkten Einfluss auf unsere Realität haben. Mentale Techniken wie Meditation, Visualisierung und bewusste Energiearbeit sind daher mehr als nur esoterische Konzepte – sie haben eine messbare Wirkung auf unsere Wahrnehmung und unser inneres Gleichgewicht.

Ahnenheilung ist eine Kombination aus wissenschaftlich fundierten Methoden und spiritueller Praxis. Sie ermöglicht dir, dein inneres System neu auszurichten, alte energetische Verstrickungen zu lösen und die Kraft deiner Ahnen auf bewusste Weise in dein Leben zu integrieren. In diesem Buch wirst du lernen, wie du diese Techniken gezielt für deine persönliche Transformation einsetzen kannst.

Wie du mit diesem Buch arbeiten kannst

Dieses Buch ist kein bloßes Nachschlagewerk, sondern ein interaktiver Begleiter für deine persönliche Reise der Heilung und Selbstbefreiung. Jeder Abschnitt enthält praktische Übungen, Reflexionsfragen und Meditationen, die dir helfen, das Gelesene direkt in deinem eigenen Leben anzuwenden.

Es gibt keinen festgelegten Ablauf, den du strikt befolgen musst. Vielmehr kannst du die einzelnen Kapitel nach deinem eigenen Tempo durcharbeiten und dich von deiner Intuition leiten lassen. Manche Übungen werden dich vielleicht sofort tief berühren, während andere erst nach wiederholter Anwendung ihre volle Wirkung entfalten. Wichtig ist, dass du offen und geduldig mit dir selbst bist.

Die Arbeit mit der Ahnenlinie kann intensive emotionale Prozesse auslösen. Alte Erinnerungen, verdrängte Gefühle oder unerwartete Einsichten können an die Oberfläche kommen. Sei dir bewusst, dass dies Teil des Heilungsprozesses ist. Gib dir selbst den Raum, diese Erfahrungen anzunehmen, ohne sie zu bewerten. Veränderung geschieht nicht über Nacht, doch jeder bewusste Schritt führt dich näher zu einem freieren, authentischeren Leben.

Nutze dieses Buch als Werkzeug, als Inspirationsquelle und als Wegweiser für deine persönliche Transformation. Du hast die Kraft, deine Vergangenheit zu heilen und dein Leben in neue Bahnen zu lenken. Die Weisheit deiner Ahnen ist bereits in dir – du musst sie nur bewusst entdecken und für dich nutzen.

Vielen Dank für deine Aufmerksamkeit! Ich wünsche dir viel Erkenntnis, „Ahaaaa`s" und Freude beim Durcharbeiten!

Herzlich(t)e Grüße
Alles Liebe!

Chris Hohlstamm von Dehnen

Kapitel 1: Die verborgene Kraft deiner Ahnenlinie

1.1 Die Ahnen als Quelle von Kraft und Weisheit

Die Ahnenlinie ist ein weitreichendes energetisches Geflecht, dass unser Leben auf tiefgründige Weise beeinflusst. In vielen Kulturen werden die Vorfahren geehrt, um ihre Weisheit, Schutz und spirituelle Führung in das eigene Leben einzuladen. Auch in unserer modernen Welt tragen wir diese uralte Verbindung in uns, oft ohne es bewusst wahrzunehmen.

Unsere Vorfahren haben Erfahrungen gesammelt, Hürden überwunden und Erkenntnisse gewonnen, die uns unbewusst als Fundament dienen. Manche dieser überlieferten Gaben zeigen sich in Form von Talenten, innerer Stärke oder intuitivem Wissen. Doch ebenso wie Licht und Schatten einander bedingen, gibt es auch Lasten, die von Generation zu Generation weitergegeben wurden. Traumata, ungelöste Konflikte und belastende Muster können sich als energetische Prägungen in unserem Leben zeigen – bis wir bewusst damit arbeiten und sie heilen.

Reflexionsübung:

- Welche Stärken oder besonderen Talente erkennst du in deiner Familie?

- Gibt es wiederkehrende Muster oder Blockaden, die sich durch mehrere Generationen ziehen?

- Wie fühlst du dich, wenn du an deine Ahnen denkst? Spürst du Nähe oder Distanz?

1.2 Die epigenetische Vererbung von Emotionen und Traumata

Die moderne Wissenschaft bestätigt, was alte Traditionen schon lange wissen: Emotionen, insbesondere traumatische Erlebnisse, können biologisch vererbt werden. Forschungen in der Epigenetik zeigen, dass einschneidende Erfahrungen die Genaktivität beeinflussen können, ohne die DNA selbst zu verändern. Diese epigenetischen Marker werden an nachfolgende Generationen weitergegeben und beeinflussen deren emotionales und mentales Erleben.

Studien haben beispielsweise gezeigt, dass Nachkommen von Holocaust-Überlebenden eine erhöhte Anfälligkeit für Angststörungen und Stressreaktionen aufweisen, selbst wenn sie diese Ereignisse nie selbst erlebt haben. Ähnliches wurde bei Nachkommen von Kriegsopfern, Flüchtlingen oder Menschen mit schweren familiären Verlusten beobachtet.

Doch genauso wie negative Prägungen weitergegeben werden können, ist es auch möglich, diese bewusst zu transformieren. Die Neurowissenschaft hat bewiesen, dass unser Gehirn plastisch ist und sich durch neue Erfahrungen umstrukturieren kann. Bewusste Arbeit mit der Ahnenlinie ermöglicht es uns, diese vererbten Muster zu erkennen, zu verändern und in eine kraftvolle, unterstützende Energie umzuwandeln.

Übung:

- Denke an eine wiederkehrende Angst oder Unsicherheit in deinem Leben. Könnte sie eine tiefere Wurzel in deiner Ahnenlinie haben?

- Schreibe einen Brief an deine Ahnen, in dem du um Klarheit und Führung in Bezug auf diese Muster bittest.

1.3 Die Ahnenlinie als energetisches Feld

Unsere Ahnenlinie ist mehr als eine abstrakte Vorstellung – sie existiert als energetisches Feld, das uns durch Raum und Zeit verbindet. Dieses Feld speichert nicht nur Informationen über vergangene Ereignisse, sondern wirkt auch in unser gegenwärtiges Leben hinein.

Spirituelle Traditionen sprechen von einer unsichtbaren Seelenverbindung zwischen den Generationen, die durch Rituale und bewusste Heilungsarbeit gestärkt oder gereinigt werden kann. In vielen schamanischen Praktiken gibt es Rituale, um mit den Ahnen zu kommunizieren, alte Lasten zu lösen und den Segen der Vorfahren zu empfangen.

Die Arbeit mit dem Ahnenfeld kann tiefe Erkenntnisse und heilende Transformationen hervorrufen. Indem wir uns bewusst mit der Energie unserer Vorfahren verbinden, können wir unbewusste Blockaden aufspüren und lösen. Dies geschieht oft in Form von inneren Bildern, Gefühlen oder spontanen Eingebungen.

Meditation zur Ahnenverbindung:

1. Suche dir einen ruhigen Ort und schließe die Augen.

2. Stelle dir vor, dass du auf einer Waldlichtung stehst. Vor dir erscheint eine Linie von Ahnen, die sich in einer langen Kette bis in die Vergangenheit erstreckt.

3. Erkenne, dass jeder dieser Vorfahren eine Geschichte, eine Weisheit und eine Erfahrung mit sich bringt. Spüre ihre Präsenz.

4. Bitte um eine Botschaft oder eine Heilung von deinen Ahnen. Achte auf innere Bilder oder Empfindungen.

5. Bedanke dich bei ihnen und spüre die Verbindung in deinem Herzen.

1.4 Die Kraft der Ahnen bewusst nutzen

Nicht alle Prägungen aus unserer Ahnenlinie sind belastend – viele von ihnen sind kraftvolle Ressourcen. Vielleicht gab es in deiner Familie Menschen, die große innere Stärke, Kreativität oder spirituelle Weisheit besaßen. Diese Qualitäten sind auch in dir vorhanden, oft unbewusst.

Ahnenheilung bedeutet nicht nur, sich von alten Lasten zu befreien, sondern auch die Gaben deiner Vorfahren zu erkennen und für dein eigenes Leben zu nutzen. Die Ahnenkraft kann dir helfen, neue Perspektiven zu gewinnen, Herausforderungen zu meistern und dein volles Potenzial zu entfalten.

Affirmationen zur Ahnenheilung:

- „Ich ehre meine Ahnen und nehme ihre Weisheit in Liebe an."

- „Ich lasse alte Lasten los und öffne mich für Heilung und Transformation."

- „Ich bin frei, mein eigenes Leben in Freude und Klarheit zu gestalten."

Praktische Übung: Erstelle eine Ahnenaltar in deinem Zuhause. Dies kann ein kleiner Bereich sein, in dem du Fotos, Symbole oder Kerzen aufstellst, um deine Verbindung zu deinen Vorfahren bewusst zu gestalten. Nutze diesen Ort, um Dankbarkeit auszudrücken, zu meditieren oder positive Energien für deine Ahnenlinie zu senden.

Dieses Kapitel dient als Grundlage, um das Bewusstsein für deine Ahnenlinie zu vertiefen und ihre heilende Kraft zu aktivieren. In den folgenden Kapiteln werden wir spezifische

Techniken zur Transformation und Auflösung von Blockaden kennenlernen. Möge diese Reise dich in dein volles Potenzial führen!

Kapitel 2: Verstehen – Die Macht der Ahnen in unserem Leben

Die Kraft unserer Ahnen begleitet uns vom Moment unserer Geburt an – oft unbemerkt, aber dennoch untrennbar mit unserer Identität verwoben. Die Geschichten, Erfahrungen und Emotionen unserer Vorfahren hinterlassen nicht nur genetische Spuren, sondern auch energetische und emotionale Prägungen, die unser Denken, Fühlen und Handeln beeinflussen können. Diese unsichtbaren Einflüsse sind tief in unserer Ahnenlinie verankert und formen in vielerlei Hinsicht unser Leben.

In alten Kulturen war das Wissen um die Ahnenenergie eine selbstverständliche Realität. Zeremonien zur Ehrung der Ahnen, Rituale der Vergebung und Techniken zur Heilung von Familienmustern wurden von Generation zu Generation wietergegeben. In unserer modernen, rational geprägten Welt ist dieses Bewusstsein jedoch oft verloren gegangen. Dabei sind es gerade die ungeklärten Themen unserer Ahnen, die sich in unserem Leben wiederholen – sei es in Form von Ängsten, Konflikten oder immer wiederkehrenden Herausforderungen.

Doch wir sind nicht machtlos gegenüber diesen Einflüssen. Indem wir die Muster unserer Ahnenlinie verstehen und bewusst mit ihnen arbeiten, können wir Heilung nicht nur für uns selbst, sondern auch für vergangene und zukünftige Generationen bringen. Dieser erste Teil des Buches widmet sich dem Verstehen der Ahnenenergie und ihrer tiefgreifenden Wirkung auf unser Leben. Er zeigt auf, warum die Vergangenheit unserer Vorfahren so eng mit unserem eigenen Dasein verknüpft ist und wie wir dieses Wissen für unsere persönliche Entwicklung nutzen können.

In dieser Einführung wirst du erfahren:

- Wie unsere Ahnenlinie unser Denken, Fühlen und Handeln beeinflusst,

- Warum ungeheilte Familienmuster weitergegeben werden,

- Welche wissenschaftlichen Erkenntnisse es zur Vererbung von Emotionen gibt,

- Wie spirituelle Traditionen seit Jahrhunderten mit Ahnenenergie arbeiten,

- Welche ersten Schritte du unternehmen kannst, um deine eigene Ahnenverbindung zu klären und zu stärken.

Die energetische Verbindung zwischen Vergangenheit und Gegenwart

Jeder Mensch ist Teil eines energetischen Netzes, das sich über Generationen erstreckt. Unsere Ahnen hinterlassen

Spuren in unserem Leben – nicht nur in Form genetischer Eigenschaften, sondern auch auf emotionaler und spiritueller Ebene. Diese Spuren können sich als tiefsitzende Überzeugungen, wiederkehrende Herausforderungen oder sogar als unbewusste Ängste zeigen.

Moderne Forschungen im Bereich der Epigenetik zeigen, dass traumatische Erfahrungen unserer Vorfahren sich in unserer DNA manifestieren können. Dies bedeutet, dass ungelöste emotionale Konflikte und schwere Schicksale aus vergangenen Generationen eine Art Erbe hinterlassen, das wir oft unbewusst in unserem eigenen Leben weitertragen. Indem wir uns dieser Verbindung bewusstwerden, können wir beginnen, sie zu verstehen und aktiv zu verändern.

Doch nicht nur negative Prägungen werden weitergegeben. Auch die Weisheit, Resilienz und Stärke unserer Ahnen sind Teil unseres Erbes. Unsere Vorfahren haben nicht nur Traumata erlebt, sondern auch überlebt, sich angepasst und wieterentwickelt. Diese innere Kraft steht uns jederzeit zur Verfügung, wenn wir uns mit ihr verbinden.

Übung zur Ahnenverbindung:

- Setze dich an einen ruhigen Ort und schließe die Augen.

- Stelle dir vor, dass hinter dir eine lange Linie deiner Ahnen steht.

- Spüre, wie sie dich mit ihrer Energie unterstützen, dir ihre Weisheit und Kraft übermitteln.

- Bedanke dich innerlich für ihre Erfahrungen und erkenne, dass du nun selbst die Wahl hast, welche Muster du weiterträgst und welche du heilen möchtest.

Warum sich Familienmuster wiederholen

Hast du jemals bemerkt, dass sich bestimmte Herausforderungen, Ängste oder Verhaltensweisen in deiner Familie immer wiederholen? Vielleicht gibt es in deiner Ahnenlinie ein Muster von finanziellen Schwierigkeiten, gescheiterten Beziehungen oder emotionalen Blockaden. Oft sind es ungelöste Themen, die über Generationen hinweg weitergetragen werden, bis jemand bewusst entscheidet, sie zu transformieren.

Diese Muster entstehen, weil Emotionen und Glaubenssätze oft unbewusst von einer Generation zur nächsten weitergegeben werden. Ein Kind, das in einer Familie aufwächst, in der Angst vor Mangel allgegenwärtig ist, übernimmt diese Überzeugung oft als eigene Wahrheit – selbst wenn sich die äußeren Umstände längst verändert haben. Solche unbewussten Prägungen können tief in unser Unterbewusstsein eindringen

und unser Verhalten beeinflussen, ohne dass wir es be-
merken.

Doch das Gute daran ist: Sobald wir diese Muster erkennen,
können wir sie durch bewusste Arbeit verändern. Wir sind
nicht dazu verdammt, die Fehler und Ängste unserer Ahnen
zu wiederholen – wir haben die Möglichkeit, eine neue Realität für uns und kommende Generationen zu erschaffen.

Fragen zur Reflexion:

- Welche wiederkehrenden Muster erkennst du in diener Familie?

- Gibt es Ängste oder Glaubenssätze, die scheinbar
über Generationen hinweg weitergegeben wurden?

- Welche davon möchtest du bewusst loslassen?

Erste Schritte zur Ahnenheilung

Der Weg zur bewussten Arbeit mit der Ahnenlinie beginnt mit
einer einfachen, aber kraftvollen Entscheidung: der Entscheidung, hinzuschauen. Viele Menschen vermeiden es, sich mit
ihrer Familiengeschichte auseinanderzusetzen, weil sie
Angst vor Schmerz oder ungelösten Konflikten haben. Doch
Heilung geschieht nicht durch Verdrängung – sie geschieht
durch Bewusstwerdung und Transformation.

Ein erster Schritt kann sein, sich intensiver mit der eigenen Familiengeschichte zu beschäftigen. Gibt es Schicksalsschläge, über die nie gesprochen wurde? Gibt es Emotionen oder Themen, die in deiner Familie tabu sind? Oft sind es gerade die unausgesprochenen Geschichten, die die tiefsten Wunden hinterlassen.

Zusätzlich kannst du beginnen, bewusst eine positive Verbindung zu deinen Ahnen aufzubauen. Rituale wie das Aufstellen eines Ahnenaltars, Meditationen zur Ahnenverbindung oder das Schreiben eines Briefes an deine Vorfahren können helfen, eine neue Beziehung zu deiner Ahnenlinie zu schaffen – eine Beziehung, die auf Heilung, Dankbarkeit und bewusster Transformation basiert.

Dieses Buch wird dich Schritt für Schritt begleiten, um die unsichtbaren Fäden der Vergangenheit zu entwirren und dein eigenes Leben in eine neue Richtung zu lenken. Der erste Schritt ist getan – nun beginnt deine Reise zur bewussten Ahnenheilung.

Kapitel 3: Die verborgene Macht der Ahnen in unserem Leben

3.1 Die Ahnen als Quelle von Kraft und Weisheit

Unsere Ahnen sind nicht nur ein Teil unserer Vergangenheit – sie sind eine Quelle von Kraft und Weisheit, die unser Leben in vielerlei Hinsicht beeinflusst. Viele indigene Kulturen haben das Wissen um die Ahnen als heilige Wahrheit bewahrt, während in modernen Gesellschaften dieses Bewusstsein oft verloren ging. Doch die Verbindung bleibt bestehen, auch wenn wir sie nicht bewusst wahrnehmen.

Unsere Vorfahren haben Erfahrungen gesammelt, Herausforderungen gemeistert und Weisheiten entwickelt, die sich über Generationen hinweg weitergetragen haben. Diese Weisheiten sind in uns, tief in unserem Zellgedächtnis und unserer DNA verankert. Sie sind in unseren Instinkten spürbar, in unserer Intuition und in den unbewussten Handlungen, die unser Leben lenken.

Unsere Ahnen hinterlassen uns nicht nur Geschichten, sondern auch Talente, Fähigkeiten und innere Stärken. Vielleicht war ein Vorfahre besonders kreativ, geschäftstüchtig oder mutig. Diese Eigenschaften können sich in den Nachkommen auf subtile Weise manifestieren und ihnen helfen, Herausforderungen zu meistern.

Wie können wir diese Kraft nutzen?

1. **Anerkennung der Ahnenlinie** – Ein erster Schritt ist es, die eigene Ahnenlinie bewusst wahrzunehmen. Wer waren deine Vorfahren? Welche Geschichten wurden in deiner Familie erzählt? Gibt es besondere Talente oder Charaktereigenschaften, die sich über Generationen hinweg wiederholen?

2. **Dankbarkeit und Respekt** – Indem wir unseren Ahnen Dankbarkeit entgegenbringen, ehren wir nicht nur sie, sondern auch uns selbst. Dies kann durch Rituale, Meditation oder einfache Worte des Dankes geschehen.

3. **Aktivierung der Ahnenkraft** – Durch gezielte Übungen können wir die positiven Energien unserer Ahnen aktivieren. Dazu gehören Meditationen, innere Reisen oder das bewusste Erbitten von Führung und Unterstützung in schwierigen Zeiten.

Übung: Die Ahnenlinie visualisieren

- Setze dich an einen ruhigen Ort, schließe die Augen und atme tief ein.

- Stelle dir eine lange Linie von Ahnen hinter dir vor, die sich weit in die Vergangenheit erstreckt.

- Fühle ihre Präsenz und spüre ihre Energie.

- Visualisiere, wie eine goldene Lichtlinie von deinen Ahnen durch dich hindurch bis zu zukünftigen Generationen fließt.
- Bedanke dich bei ihnen und erkenne ihre Weisheit in dir an.

3.2 Die epigenetische Vererbung von Emotionen und Traumata

Die Wissenschaft hat in den letzten Jahrzehnten erstaunliche Entdeckungen über die Vererbung von Emotionen gemacht. Epigenetische Forschungen zeigen, dass Traumata sich nicht nur psychologisch, sondern auch biologisch über Generationen hinweg manifestieren können. Das bedeutet, dass schwere Erlebnisse unserer Vorfahren auf uns wirken können, selbst wenn wir sie nicht selbst erlebt haben.

Studien haben beispielsweise gezeigt, dass Nachkommen von Holocaust-Überlebenden oder Kriegsflüchtlingen erhöhte Stressreaktionen aufweisen. Ähnliche Muster wurden bei Nachfahren von Menschen beobachtet, die schwere Verluste oder wirtschaftliche Krisen durchlebt haben.

Wie zeigt sich epigenetischer Stress?

- Ungeklärte Ängste oder Sorgen, die keinen offensichtlichen Ursprung in deinem eigenen Leben haben

- Wiederkehrende Muster von Schuldgefühlen, Trauer oder innerer Unruhe

- Schwierigkeiten, Beziehungen einzugehen oder Vertrauen aufzubauen

- Finanzielle Blockaden, obwohl objektiv keine Knappheit besteht

Die gute Nachricht ist: Diese Prägungen sind nicht unumkehrbar. Durch bewusste Arbeit mit unserer Ahnenlinie können wir diese Muster auflösen und transformieren.

Übung zur Auflösung epigenetischer Prägungen:

1. **Erkenne das Muster** – Welche Emotionen oder Blockaden tauchen in deinem Leben immer wieder auf?

2. **Verbinde dich mit der Vergangenheit** – Frage dich, ob deine Eltern, Großeltern oder Urgroßeltern ähnliche Herausforderungen hatten.

3. **Transformation durch Meditation** – Stelle dir eine symbolische Reinigung vor, in der du bewusst alte Muster auflöst und neues, stärkendes Licht in deine Ahnenlinie fließen lässt.

3.3 Die Ahnenlinie als energetisches Feld

Unsere Ahnen sind nicht nur ein genetisches Erbe – sie existieren als lebendiges energetisches Feld, das in unserem Leben aktiv ist. Viele spirituelle Traditionen lehren, dass unsere Vorfahren mit uns kommunizieren können, wenn wir uns für ihre Botschaften öffnen.

Dieses Feld der Ahnenenergie kann positive oder belastende Einflüsse haben, je nachdem, welche Dynamiken in unserer Familie vorherrschen. Wenn in einer Familie über Generationen hinweg ungelöste Konflikte oder emotionale Wunden bestehen, kann sich dies als blockierende Energie manifestieren.

Wie können wir dieses Feld klären?

- **Bewusstheit entwickeln:** Durch Ahnenarbeit können wir verstehen, welche Energien uns beeinflussen und wo wir Klärung brauchen.

- **Vergebung praktizieren:** Oft ist es notwendig, bewusste Vergebungsrituale für vergangene Generationen durchzuführen, um Heilung in das Ahnenfeld zu bringen.

- **Ahnenrituale anwenden:** Viele Kulturen haben Rituale entwickelt, um die Verbindung zu den Ahnen zu stärken und deren Unterstützung bewusst zu integrieren.

Meditation zur Klärung des Ahnenfeldes:

- Visualisiere ein strahlendes Licht, das von dir ausgehend deine gesamte Ahnenlinie erhellt.

- Beobachte, ob es dunkle oder schwere Energien gibt, die geklärt werden möchten.

- Stelle dir vor, wie diese Energien transformiert werden, während Licht und Heilung in das Ahnenfeld fließen.

3.4 Die Kraft der Ahnen bewusst nutzen

Die bewusste Nutzung der Ahnenkraft kann uns enorm stärken. Anstatt nur die Lasten unserer Ahnen zu tragen, können wir ihre Weisheit, Stärke und Schutzkräfte aktiv für unser Leben nutzen.

Drei Wege, die Ahnenkraft bewusst zu nutzen:

1. **Ahnenaltar errichten** – Ein kleiner Ort mit Fotos, Kerzen oder Symbolen, die deine Ahnen repräsentieren, kann helfen, die Verbindung bewusst zu gestalten.

2. **Dankbarkeitsrituale durchführen** – Indem wir unseren Ahnen danken, schaffen wir einen harmonischen Energiefluss zwischen Vergangenheit, Gegenwart und Zukunft.

3. **Innere Führung erbitten** – In Momenten der Unsicherheit kannst du dich bewusst mit der Weisheit deiner Ahnen verbinden und um Rat bitten.

Affirmationen zur Stärkung der Ahnenkraft:

- „Ich ehre meine Ahnen und nehme ihre Weisheit in Liebe an."

- „Ich lasse alte Lasten los und öffne mich für Heilung und Transformation."

- „Ich bin frei, mein eigenes Leben voller Kraft und Klarheit zu gestalten."

Dieses Kapitel hat gezeigt, dass unsere Ahnen mehr sind als bloße Erinnerungen – sie sind eine lebendige, energetische Kraft, die unser Leben beeinflusst. Wenn wir lernen, bewusst mit dieser Kraft zu arbeiten, können wir unser eigenes Leben transformieren und neue Wege der Heilung und Freiheit beschreiten.

In den kommenden Kapiteln werden wir tiefere Techniken kennenlernen, um alte Blockaden aufzulösen und die Kraft unserer Ahnen bewusst für unsere persönliche Entwicklung zu nutzen. Lass dich auf diese Reise ein – sie könnte dein Leben grundlegend verändern.

Kapitel 4: Die verborgene Macht der Ahnen in unserem Leben

4.1 Biologische, energetische und spirituelle Ahnen

Die Ahnen begleiten uns auf vielfältige Weise – sie sind nicht nur genetisch mit uns verbunden, sondern auch energetisch und spirituell. Viele Menschen sehen ihre Vorfahren als ferne Erinnerungen der Vergangenheit, doch die Wahrheit ist, dass sie in uns weiterleben – in unserer DNA, in unseren Denk- und Verhaltensmustern und in den feinstofflichen Energien, die uns durchdringen. Die Ahnenkraft ist eine Quelle der Stärke, aber auch eine Herausforderung, wenn wir uns unbewussten Lasten gegenübersehen. Dieses Kapitel beleuchtet die drei zentralen Aspekte der Ahnenverbindung: die biologische, energetische und spirituelle Ebene.

4.2 Die biologische Ebene: Genetisches Erbe und epigenetische Prägungen

Unsere biologischen Ahnen haben uns nicht nur äußerliche Merkmale wie Haarfarbe oder Körperbau vererbt, sondern auch bestimmte genetische Dispositionen, Persönlichkeits- merkmale und sogar emotionale Reaktionsmuster. Forsch- ungen im Bereich der Epigenetik haben gezeigt, dass trau- matische Erlebnisse unserer Vorfahren ihre Spuren in unserem Erbgut hinterlassen können – nicht durch eine Veränderung der DNA-Sequenz selbst, sondern durch sogenannte epigenetische Marker, die die Genexpression beeinflussen.

Wie zeigt sich unser biologisches Erbe?

- Wiederkehrende Verhaltensmuster und Reaktionen auf Stress

- Familiäre Krankheitsbilder, die sich über Generationen hinweg wiederholen

- Die emotionale Verarbeitung von Verlust und Traumata, die sich scheinbar ohne direkten persönlichen Bezug zeigen

Ein Beispiel: Studien haben gezeigt, dass Nachkommen von Holocaust-Überlebenden eine erhöhte Stressreaktion zeigen, obwohl sie selbst keine traumatischen Erlebnisse gemacht haben. Die genetische Weitergabe emotionaler Prägungen kann also tatsächlich stattfinden, was erklärt, warum manche Menschen Ängste oder Blockaden spüren, die scheinbar aus dem Nichts kommen.

Übung zur Reflexion des biologischen Erbes:

1. Notiere die wiederkehrenden Muster und Eigenschaften in deiner Familie.

2. Gibt es Krankheiten oder emotionale Herausforderungen, die über Generationen hinweg auftauchen?

3. Welche Stärken und Talente erkennst du in deiner Ahnenlinie?

4.3 Die energetische Ebene: Das Ahnenfeld als unsichtbare Kraft

Jenseits der biologischen Vererbung existiert ein energetisches Feld, das unsere Ahnen mit uns verbindet. In vielen spirituellen Traditionen ist dieses Feld als „Ahnenkraft" bekannt – eine unsichtbare, aber spürbare Energie, die sich als Schutz, Unterstützung oder auch als belastendes Erbe zeigen kann.

Wenn ungelöste emotionale Konflikte oder Traumata in einer Familie bestehen bleiben, können sie sich als energetische Blockaden über Generationen hinweg bemerkbar machen. Es ist daher wichtig, das Ahnenfeld regelmäßig zu klären und alte, unbewusste Verstrickungen zu lösen.

Wie zeigt sich das Ahnenfeld im Alltag?

- Unerklärliche Emotionen oder Stimmungen, die plötzlich auftreten

- Wiederkehrende Konflikte oder Herausforderungen in der Familie

- Das Gefühl, von einer unsichtbaren Last gehalten zu werden

Meditation zur Reinigung des Ahnenfeldes:

1. Setze dich in eine bequeme Position und atme tief ein.

2. Stelle dir ein Licht vor, das durch deine Wirbelsäule aufsteigt und sich mit deinen Ahnen verbindet.

3. Bitte innerlich darum, dass alte Belastungen gelöst und transformiert werden.

4. Visualisiere, wie reines Licht durch deine Ahnenlinie fließt und sie heilt.

4.4 Die spirituelle Ebene: Ahnen als geistige Begleiter

Die spirituelle Verbindung zu unseren Ahnen geht über die biologischen und energetischen Aspekte hinaus. In vielen Kulturen werden die Ahnen als spirituelle Führer und Schutzwesen verehrt, die auch nach ihrem Tod mit ihren Nachkommen kommunizieren können. Viele Menschen erleben diese Verbindung durch Träume, Intuition oder plötzliche Eingebungen.

Wie erkennst du die Botschaften deiner Ahnen?

- Plötzliche Gedanken oder Einsichten, die aus dem Nichts zu kommen scheinen

- Träume, in denen verstorbene Angehörige erscheinen

- Ein starkes Gefühl der Führung oder Intuition in schwierigen Situationen

Ritual zur Verbindung mit den Ahnen:

1. Zünde eine Kerze an und stelle sie auf einen besonderen Platz.

2. Sprich eine bewusste Einladung an deine Ahnen aus, z. B.: „Ich lade die weisen Ahnen meiner Linie ein, mich zu unterstützen und zu führen."

3. Meditiere einige Minuten in Stille und achte auf Bilder, Worte oder Gefühle, die in dir aufsteigen.

4.5 Integration: Die Balance zwischen Ahnenkraft und Eigenverantwortung

Ein wichtiger Aspekt der Ahnenarbeit ist es, eine Balance zu finden zwischen dem Annehmen der Ahnenkraft und der eigenen Verantwortung für das Leben. Während es hilfreich ist, sich mit den Ahnen zu verbinden, ist es ebenso wichtig, nicht in der Vergangenheit stecken zu bleiben. Ahnenarbeit bedeutet nicht, sich blind an das Erbe der Vorfahren zu klammern, sondern bewusst zu wählen, welche Aspekte hilfreich sind und welche losgelassen werden dürfen.

Affirmationen zur Stärkung deiner Ahnenverbindung:

- „Ich erkenne die Weisheit meiner Ahnen an und nutze sie zum Wohle meines Lebens."

- „Ich lasse alte Lasten los und öffne mich für Heilung und Transformation."

- „Ich bin frei, meinen eigenen Weg zu gehen und gleichzeitig die Kraft meiner Ahnen in mir zu tragen."

Zusammenfassung und nächste Schritte

Die Ahnen begleiten uns auf biologischer, energetischer und spiritueller Ebene. Indem wir die Kraft dieser Verbindung bewusst nutzen, können wir unser Leben in Einklang mit unserem höchsten Potenzial bringen. Die nächsten Kapitel dieses Buches werden tiefer auf Techniken eingehen, um Blockaden zu lösen, Ahnenrituale durchzuführen und die Weisheit der Vorfahren in unser tägliches Leben zu integrieren.

Lass dich auf diese Reise ein – die verborgene Kraft deiner Ahnen wartet darauf, in dein Leben integriert zu werden.

Kapitel 5: Die verborgene Macht der Ahnen in unserem Leben

5.1 Die Verbindung zwischen Körper, Geist und Ahnenenergie

Unser Dasein ist nicht nur auf unsere eigene Existenz beschränkt. Wir sind Teil eines weitreichenden Netzwerks aus Energien, Erinnerungen und genetischen Informationen, die sich in unserem Körper, unserem Geist und unserer spirituellen Essenz manifestieren. Die Verbindung zwischen Körper, Geist und Ahnenenergie ist eine tief verwurzelte Kraft, die unser Denken, Fühlen und Handeln beeinflusst – oft, ohne dass wir uns dessen bewusst sind.

5.2 Körper: Das genetische und epigenetische Erbe unserer Ahnen

Unser Körper ist das physische Gefäß, das das Erbe unserer Ahnen in Form von Genetik, biologischen Merkmalen und epigenetischen Prägungen trägt. Während die Genetik uns unsere äußerlichen Merkmale gibt, ist die Epigenetik das „Gedächtnis" unserer Ahnen – gespeicherte Erfahrungen, Emotionen und sogar Traumata, die über Generationen hinweg weitergegeben werden können.

Wie beeinflusst die Ahnenenergie unseren Körper?

- Vererbte Krankheitsmuster: Bestimmte Erkrankungen oder körperliche Schwächen treten oft familiär gehäuft auf.

- Körperhaltung und Bewegungsmuster: Manchmal übernehmen wir unbewusst die Art und Weise, wie sich unsere Eltern oder Großeltern bewegt haben.

- Reaktionen auf Stress: Wenn unsere Ahnen in Angst oder Krieg lebten, kann sich dies in einer erhöhten Stressreaktion bei uns zeigen.

Die moderne Wissenschaft hat bestätigt, dass negative Erfahrungen – sei es ein Kriegstrauma, Armut oder familiäre Verluste – epigenetische Spuren hinterlassen. Diese Spuren beeinflussen nicht nur unser Nervensystem, sondern auch unsere Anfälligkeit für bestimmte Krankheiten oder emotionale Reaktionen.

Übung zur Klärung körperlicher Ahnenmuster:

1. Nimm dir Zeit, um dich mit deinem Körper zu verbinden. Wo fühlst du Spannung oder Druck?

2. Frage dich, ob diese Verspannung oder Schmerz eine tieferliegende Bedeutung haben könnte. Ist sie mit einem Familienmuster verbunden?

3. Schreibe eine bewusste Affirmation auf, die dir hilft, diesen Körperbereich zu entspannen, z. B.: „Ich lasse alte Energien meiner Ahnen los und öffne mich für Heilung."

5.3 Geist: Die Macht der Glaubenssätze und Verhaltensmuster

Unser Geist ist der Spiegel dessen, was wir aus unserer Ahnenlinie übernommen haben. Viele unserer Überzeugungen sind nicht unsere eigenen, sondern wurden über Generationen hinweg weitergegeben.

Wie äußert sich Ahnenenergie im Geist?

- **Glaubenssätze über Geld, Liebe oder Erfolg**: „In unserer Familie hatten wir nie viel Geld."

- **Emotionale Reaktionsmuster**: Warum fällt es manchen Menschen schwer, Freude oder Nähe zuzulassen? Oft hat dies seinen Ursprung in früheren Familiendynamiken.

- **Wiederkehrende Herausforderungen**: Beziehungen, finanzielle Schwierigkeiten oder bestimmte Ängste wiederholen sich häufig in einer Familie.

Übung zur Auflösung von mentalen Ahnenblockaden:

1. Schreibe auf, welche Überzeugungen du über dich selbst, das Leben oder deine Fähigkeiten hast.

2. Hinterfrage: Sind diese Gedanken wirklich deine eigenen oder hast du sie übernommen?

3. Formuliere eine neue, heilsame Überzeugung, die für dich stimmig ist, und wiederhole sie täglich.

5.4 Ahnenenergie auf der spirituellen Ebene

Auf einer tieferen Ebene sind wir nicht nur körperlich und mental mit unseren Ahnen verbunden, sondern auch spirituell. Viele Kulturen glauben daran, dass die Seelen der Ahnen uns auch nach ihrem Tod begleiten, uns lehren und schützen können. In schamanischen Traditionen wird regelmäßig mit Ahnen gearbeitet, um Heilung in eine Familie zu bringen.

Wie zeigt sich die spirituelle Ahnenenergie?

- Wiederkehrende Träume von verstorbenen Ahnen

- Innere Eingebungen oder „Ahnungen", die sich später als wahr erweisen

- Ein starkes Gefühl der Verbindung mit einem bestimmten Vorfahren

5.5 Ritual zur Verbindung mit der spirituellen Ahnenenergie:

1. Finde einen ruhigen Ort, an dem du ungestört bist.

2. Zünde eine Kerze an und sprich eine Einladung an deine Ahnen aus, z. B.: „Ich bitte um Weisheit und Schutz meiner Ahnen."

3. Lasse dich in eine meditative Haltung fallen und beobachte, welche Gedanken oder Bilder auftauchen.

4. Bedanke dich abschließend für die erhaltene Botschaft und lösche die Kerze mit Dankbarkeit.

5.6 Die harmonische Verbindung von Körper, Geist und Ahnenenergie

Die Kunst der Ahnenheilung besteht darin, Körper, Geist und die spirituelle Verbindung in eine bewusste Harmonie zu bringen. Unser Ziel ist es nicht, uns nur mit der Vergangenheit zu beschäftigen, sondern eine ausgewogene und bewusste Beziehung zu unseren Ahnen aufzubauen.

Affirmationen zur Stärkung der Verbindung:

- „Ich ehre meine Ahnen, ohne ihre Lasten weiterzutragen."

- „Ich nehme die Weisheit meiner Vorfahren an und nutze sie für mein eigenes Wachstum."
- „Ich lasse alte Muster los und öffne mich für ein neues Bewusstsein."

Integration und nächste Schritte

Die Verbindung zwischen Körper, Geist und Ahnenenergie ist ein tiefgehender Prozess, der Zeit und Achtsamkeit erfordert. Durch bewusste Reflexion, Rituale und Heiltechniken können wir unsere Beziehung zur Ahnenkraft heilen und transformieren. In den kommenden Kapiteln dieses Buches werden wir spezifische Techniken erarbeiten, um alte Blockaden zu lösen und die Ahnenkraft als Unterstützung für unsere persönliche Entwicklung zu nutzen.

Lass dich auf diese Reise ein – dein Körper, dein Geist und deine Seele sind bereit, sich mit der heilenden Kraft deiner Ahnen zu verbinden.

Kapitel 6: Die verborgene Macht der Ahnen in unserem Leben

6.1 Generationenübergreifende Prägungen und Muster

Unsere Ahnen hinterlassen nicht nur genetische Spuren, sondern auch tief verwurzelte emotionale, mentale und energetische Muster, die sich über Generationen hinweg in unseren Familienlinien fortsetzen. Ob bewusst oder unbewusst – viele von uns tragen die Glaubenssätze, Ängste und Herausforderungen ihrer Vorfahren mit sich, ohne zu wissen, dass diese nicht ursprünglich ihre eigenen sind. Diese generationenübergreifenden Prägungen haben einen erheblichen Einfluss auf unser Denken, Fühlen und Handeln. Sie können uns stärken, aber auch blockieren, bis wir beginnen, uns mit ihnen bewusst auseinanderzusetzen und sie zu transformieren.

6.2 Wie generationenübergreifende Muster entstehen

Jede Familie hat ihre eigene Geschichte, geprägt durch kulturelle, gesellschaftliche und persönliche Ereignisse. Traumatische Erfahrungen wie Krieg, Flucht, finanzielle Not oder emotionale Verluste hinterlassen nicht nur tiefe Spuren in den betroffenen Individuen, sondern oft auch in deren

Nachkommen. Diese Muster werden in der Regel auf drei Ebenen weitergegeben:

1. **Durch direkte Erziehung**: Eltern vermitteln ihren Kindern – oft unbewusst – ihre eigenen Ängste, Überzeugungen und Verhaltensweisen. Ein Kind, das in einer Familie aufwächst, in der Geldmangel allgegenwärtig ist, entwickelt möglicherweise die Überzeugung, dass Wohlstand schwer erreichbar ist.

2. **Durch Familiengeheimnisse und Tabus**: Oft werden bestimmte Themen innerhalb einer Familie nicht angesprochen, weil sie mit Schmerz oder Scham behaftet sind. Doch selbst wenn über ein Trauma nicht gesprochen wird, bleibt dessen Energie in der Familie bestehen.

3. **Durch epigenetische Vererbung**: Die moderne Wissenschaft zeigt, dass traumatische Erlebnisse der Vorfahren durch epigenetische Veränderungen an die nächsten Generationen weitergegeben werden können. Dies kann sich in Form von Angststörungen, Stressanfälligkeit oder wiederkehrenden emotionalen Mustern äußern.

6.3 Häufige generationenübergreifende Prägungen

Viele Menschen tragen Prägungen mit sich, die sich über Generationen hinweg fortsetzen. Hier sind einige der häufigsten:

- **Finanzielle Engpässe und Mangeldynamiken**: „In unserer Familie mussten wir immer kämpfen, um über die Runden zu kommen."

- **Emotionale Kälte oder Beziehungsängste**: „Unsere Familie zeigt keine Gefühle – wir müssen stark sein."

- **Schuld- und Schamgefühle**: „Es ist falsch, für sich selbst einzustehen."

- **Blockaden in beruflichem Erfolg**: „Wir sind einfache Leute – Erfolg ist nichts für uns."

- **Opfermentalität**: „Das Leben ist hart und wir müssen damit klarkommen."

Diese Muster sind tief in unserem Unterbewusstsein verankert und beeinflussen unsere Entscheidungen, ohne dass wir sie hinterfragen. Sie führen dazu, dass wir unbewusst dieselben Fehler wiederholen, obwohl wir uns eigentlich ein anderes Leben wünschen.

6.4 Wie du generationenübergreifende Muster erkennen kannst

Oft sind es wiederkehrende Probleme oder unerklärliche Ängste, die auf Ahnenmuster hinweisen. Um herauszufinden, welche Prägungen aus deiner Familie stammen, kannst du dir folgende Fragen stellen:

1. Gibt es Muster, die sich in deiner Familie über Generationen hinweg wiederholen?

2. Gibt es unausgesprochene Familiengeheimnisse oder Themen, über die nicht gesprochen wird?

3. Welche Sätze oder Glaubenssätze hast du als Kind oft gehört?

4. Fühlst du dich manchmal von Emotionen oder Ängsten überwältigt, die keinen klaren Ursprung in diesem eigenen Leben haben?

Übung zur Erkennung von Ahnenmustern

Nimm ein Blatt Papier und erstelle eine Liste der Herausforderungen, die du in deinem Leben immer wieder erlebst. Notiere daneben, ob du ähnliche Muster in deiner Familie erkennst. Häufig wirst du feststellen, dass viele deiner Probleme nicht allein aus deiner eigenen Biografie stammen, sondern sich durch die gesamte Ahnenlinie ziehen.

6.5 Transformation von Ahnenmustern

Die gute Nachricht ist: Du hast die Möglichkeit, diese Muster bewusst zu durchbrechen und deine eigene Realität neu zu gestalten. Hier sind einige Methoden, um mit generationenübergreifenden Prägungen zu arbeiten:

1. **Bewusstheit entwickeln**: Der erste Schritt zur Veränderung besteht darin, das Muster zu erkennen und es nicht länger unbewusst fortzusetzen.

2. **Vergebung und Loslassen**: Viele Ahnenmuster bestehen, weil in der Vergangenheit ungelöste Konflikte oder Traumata existieren. Durch Vergebungsarbeit – sei es in Meditation, Ritualen oder durch bewusstes Hinschauen – kann sich diese Energie lösen.

3. **Rituale zur energetischen Klärung**: Durch gezielte Rituale kannst du alte Energien transformieren. Dies kann eine Ahnenaufstellung, eine Meditation oder ein bewusster Abschiedsbrief an deine Vorfahren sein.

4. **Neue Überzeugungen erschaffen**: Sobald du ein altes Muster losgelassen hast, ist es wichtig, neue, förderliche Überzeugungen zu entwickeln. Frage dich: „Was möchte ich stattdessen glauben?"

6.6 Ritual zur Auflösung von Ahnenmustern

1. **Bereite einen geschützten Raum vor**: Zünde eine Kerze an und setze dich in eine ruhige Umgebung.

2. **Rufe bewusst deine Ahnen an**: Sprich eine Einladung aus, z. B.: „Ich rufe meine weisen und liebevollen Ahnen, um mich bei der Klärung dieses Musters zu unterstützen."

3. **Visualisiere das Muster**: Stelle dir vor, wie das Muster, das du lösen möchtest, in Form einer Kette oder eines Bandes vor dir erscheint.

4. **Durchtrenne bewusst die Verbindung**: Stelle dir vor, wie du das Band durchtrennst und das alte Muster in Licht aufgelöst wird.

5. **Danksagung und Abschluss**: Bedanke dich bei deinen Ahnen und verabschiede dich von dem Muster mit den Worten: „Ich ehre meine Ahnen, aber ich wähle einen neuen Weg."

6.7 Integration in den Alltag

Die Arbeit mit generationenübergreifenden Prägungen ist ein Prozess. Es braucht Zeit und Wiederholung, um alte Muster wirklich aufzulösen. Hier sind einige Dinge, die du regelmäßig tun kannst, um die Veränderung zu festigen:

- Führe ein Ahnenjournal, in dem du deine Erkenntnisse und Fortschritte festhältst.

- Praktiziere täglich Affirmationen, um neue Überzeugungen zu verankern.

- Sei geduldig mit dir selbst – jede Transformation braucht ihre Zeit.

Zusammenfassung und nächste Schritte

Generationenübergreifende Muster können unser Leben auf unbewusste Weise beeinflussen, doch sobald wir sie erkennen und bewusst mit ihnen arbeiten, können wir sie transformieren. Du hast die Macht, alte Blockaden loszulassen und deine Ahnenlinie in eine neue Richtung zu lenken. In den kommenden Kapiteln dieses Buches werden wir weitere Methoden und Techniken kennenlernen, um deine Ahnenkraft gezielt für Heilung und persönliches Wachstum zu nutzen.

Mache dich bereit für die nächste Phase deiner Reise – deine Ahnen begleiten dich mit Liebe und Kraft!

Kapitel 7: Vererbte Lasten – Wie Ahnenmuster unser Leben steuern

7.1 Die unsichtbaren Fäden der Vergangenheit

Die Vergangenheit unserer Vorfahren ist in unser Leben eingewoben wie feine, unsichtbare Fäden. Viele dieser Verbindungen sind uns nicht bewusst, doch sie beeinflussen unsere Entscheidungen, Emotionen und unser Verhalten auf tiefgehende Weise. Warum fällt es manchen Menschen schwer, finanzielle Fülle zu akzeptieren? Weshalb neigen andere zu Angst, Unsicherheit oder bestimmten Beziehungsmustern? Die Antwort liegt oft in den ungelösten Traumata, den unbewältigten Erfahrungen und den über Generationen weitergegebenen Glaubenssätzen unserer Ahnen.

Wir alle tragen ein „energetisches Erbe", das von unseren Vorfahren geformt wurde. Dieses Erbe kann sowohl positiv als auch negativ sein. Während einige Ahnen uns mit Stärke, Weisheit und Resilienz beschenken, gibt es auch Prägungen, die uns belasten. Diese unbewussten Muster lenken unser Leben, bis wir sie bewusst wahrnehmen und transformieren.

7.2 Die Wissenschaft hinter vererbten Traumata

In den letzten Jahren hat die Wissenschaft erstaunliche Erkenntnisse über die Vererbung emotionaler Muster und Traumata hervorgebracht. Insbesondere die Epigenetik hat bewiesen, dass traumatische Erlebnisse nicht nur das Leben der betroffenen Person beeinflussen, sondern auch auf nachfolgende Generationen übergehen können. Studien zeigen, dass Menschen, deren Vorfahren schwere Traumata wie Krieg, Flucht oder wirtschaftlichen Ruin erlebt haben, eine veränderte Stressverarbeitung und eine erhöhte Anfälligkeit für Ängste und Depressionen aufweisen.

Epigenetische Veränderungen sind keine dauerhafte Veränderung des genetischen Codes, sondern eine Art „biologisches Gedächtnis". Unser Körper speichert die Erfahrungen unserer Ahnen und aktiviert bestimmte Gene je nach den emotionalen Prägungen, die weitergegeben wurden. So können wir beispielsweise eine tiefsitzende Angst vor Verlust oder eine innere Blockade gegenüber Nähe und Vertrauen empfinden, ohne dass es dafür einen offensichtlichen Grund in unserem eigenen Leben gibt.

7.3 Häufige Ahnenmuster und ihre Auswirkungen

Viele vererbte Lasten äußern sich in bestimmten, sich wiederholenden Mustern. Hier sind einige der häufigsten:

1. **Mangelbewusstsein und finanzielle Blockaden**

   o   In Familien, die über Generationen hinweg Armut oder wirtschaftliche Unsicherheit erlebt haben, können sich Glaubenssätze wie „Geld ist schwer zu verdienen" oder „Wohlstand ist nichts für uns" tief einprägen.

   o   Menschen mit diesem Muster neigen dazu, unbewusst Chancen für finanziellen Erfolg abzulehnen oder sich selbst klein zu halten.

2. **Bindungs- und Beziehungsprobleme**

   o   Familiäre Traumata wie der frühe Verlust eines Elternteils oder generationenübergreifende Scheidungen können dazu führen, dass Nachkommen Schwierigkeiten haben, stabile und erfüllende Beziehungen zu führen.

   o   Dies kann sich in Angst vor Verlassenwerden, emotionaler Distanz oder in toxischen Partnerschaften äußern.

3. **Schuld- und Schamgefühle**

   o   In Familien, in denen Schuld oder Scham eine große Rolle gespielt hat (beispielsweise durch Religion, gesellschaftliche Zwänge oder Kriegsschuld), können Nachkommen ein tief

verwurzeltes Gefühl der Unzulänglichkeit empfinden.

- o Diese Schuldgefühle führen oft dazu, dass
  Menschen sich selbst nicht erlauben,
  glücklich oder erfolgreich zu sein.

4. **Selbstsabotage und Angst vor Sichtbarkeit**

- o In manchen Familien gab es Zeiten, in denen
  es gefährlich war, aufzufallen – sei es durch
  politische Verfolgung oder gesellschaftliche
  Restriktionen.

- o Die unbewusste Angst davor, sichtbar zu sein,
  kann sich in beruflicher Unsicherheit oder Zu-
  rückhaltung in der Selbstverwirklichung
  zeigen.

7.4 Techniken zur Auflösung vererbter Muster

Die gute Nachricht ist: Ahnenmuster sind keine unumstöß-
lichen Schicksale. Mit gezielter Bewusstseinsarbeit und
spirituellen Techniken können wir uns von alten Prägungen
befreien und neue Wege für uns selbst schaffen.

1. Familienaufstellung

- Eine systemische Methode, um unbewusste Verstrickungen innerhalb der Familie sichtbar zu machen.

- Durch die Aufstellung von Familienmitgliedern können unbewusste Dynamiken erkannt und transformiert werden.

2. Ahnenmeditation und Visualisierung

- In einer Meditation kannst du bewusst Kontakt zu dienen Ahnen aufnehmen und um Erkenntnis und Heilung bitten.

- Visualisiere ein Licht, das durch deine Ahnenlinie strömt und alte Blockaden auflöst.

3. Vergebungsrituale

- Schreibe einen Brief an deine Ahnen, in dem du alte Schuldgefühle oder negative Muster loslässt.

- Verbrenne den Brief symbolisch als Zeichen der Transformation und Befreiung.

4. Affirmationen und Neuprogrammierung des Unterbewusstseins

- Ersetze negative Glaubenssätze durch positive Affirmationen wie:

  o „Ich bin frei von den Lasten meiner Ahnen."

- o „Ich erschaffe meine eigene Realität voller Liebe und Erfolg."

- o „Ich erlaube mir, mein Leben in Freude zu gestalten."

7.5 Integration der Ahnenkraft als Ressource

Statt vererbte Lasten als hinderlich zu betrachten, können wir lernen, die Kraft und Weisheit unserer Ahnen zu nutzen. Unsere Vorfahren haben nicht nur Herausforderungen erlebt, sondern auch Lösungen gefunden, überlebt und sich angepasst. Ihre Resilienz, ihre Stärken und ihr Wissen stehen uns ebenso zur Verfügung wie ihre Prägungen.

Wie kannst du die positive Kraft deiner Ahnen aktivieren?

1. **Dankbarkeitsrituale** – Ehre deine Ahnen bewusst und danke ihnen für ihr Wissen und ihre Erfahrungen.

2. **Ahnenaltar** – Schaffe einen kleinen Bereich in deinem Zuhause, an dem du Fotos, Symbole oder Kerzen zur Verbindung mit deinen Ahnen platzierst.

3. **Bewusstseinsarbeit** – Erkenne, welche positiven Eigenschaften und Stärken du aus deiner Familie übernommen hast, und baue sie bewusst in dein Leben ein.

7.6 Die Vergangenheit als Sprungbrett für deine Zukunft

Vererbte Lasten beeinflussen unser Leben oft unbemerkt, doch mit Bewusstheit und gezielter Transformationsarbeit können wir uns von negativen Ahnenmustern befreien. Indem wir uns mit unserer Familiengeschichte auseinandersetzen, alte Wunden heilen und die Weisheit unserer Ahnen anerkennen, schaffen wir eine neue Realität – frei von alten Begrenzungen.

In den kommenden Kapiteln werden wir tiefer in spezifische Techniken eintauchen, um die Ahnenkraft gezielt für Heilung, persönliches Wachstum und Transformation zu nutzen. Jetzt ist der perfekte Moment, um dein eigenes Leben bewusst zu gestalten!

Kapitel 8: Vererbte Lasten – Wie Ahnenmuster unser Leben steuern

8.1 Die unsichtbaren Fäden der Vergangenheit

Die Vergangenheit unserer Vorfahren ist in unser Leben eingewoben wie feine, unsichtbare Fäden. Viele dieser Verbindungen sind uns nicht bewusst, doch sie beeinflussen unsere Entscheidungen, Emotionen und unser Verhalten auf tiefgehende Weise. Warum fällt es manchen Menschen schwer, finanzielle Fülle zu akzeptieren?

Weshalb neigen andere zu Angst, Unsicherheit oder bestimmten Beziehungsmustern? Die Antwort liegt oft in den ungelösten Traumata, den unbewältigten Erfahrungen und den über Generationen weitergegebenen Glaubenssätzen unserer Ahnen.

Wir alle tragen ein „energetisches Erbe", das von unseren Vorfahren geformt wurde. Dieses Erbe kann sowohl positiv als auch negativ sein. Während einige Ahnen uns mit Stärke, Weisheit und Resilienz beschenken, gibt es auch Prägungen, die uns belasten. Diese unbewussten Muster lenken unser Leben, bis wir sie bewusst wahrnehmen und transformieren.

8.2 Epigenetik und emotionale Traumavererbung

Die moderne Wissenschaft zeigt, dass nicht nur materielle Güter oder Erziehungsmuster von Generation zu Generation weitergegeben werden, sondern auch emotionale Erfahrungen und Traumata. Die Epigenetik, ein relativ neues Forschungsfeld der Genetik, belegt, dass starke emotionale Erlebnisse – insbesondere traumatische Ereignisse – Spuren im genetischen Material hinterlassen können, die an nachfolgende Generationen weitergegeben werden.

Wie funktioniert epigenetische Vererbung?

Epigenetische Mechanismen beeinflussen, welche Gene an- oder ausgeschaltet werden. Emotionale Traumata hinterlassen Veränderungen in der Genexpression, sodass Nachkommen die gleichen biologischen Stressreaktionen zeigen können, selbst wenn sie das Trauma selbst nie erlebt haben.

Wissenschaftliche Studien zur epigenetischen Traumavererbung

- **Studie zu Holocaust-Überlebenden:** Forscher fanden heraus, dass die Nachkommen von Holocaust-Überlebenden eine veränderte Hormonreaktion auf Stress zeigten. Diese Veränderungen wurden mit epigenetischen Markern in Verbindung gebracht, die durch das Trauma der Vorfahren entstanden.

- **Studien zu Kriegstraumata:** Untersuchungen zeigen, dass Nachkommen von Kriegsveteranen oder Flüchtlingen eine höhere Anfälligkeit für Angststörungen, Depressionen und posttraumatische Belastungsstörungen (PTBS) aufweisen.

- **Forschung zu Hunger- und Armutserfahrungen:** Menschen, deren Großeltern extreme Hungersnöte erlebt haben, weisen oft eine veränderte Stoffwechselregulation auf – ein Beleg dafür, dass selbst physische Not langfristige Spuren hinterlässt.

8.3 Emotionale Muster und ihre Weitergabe

Traumata werden nicht nur biologisch, sondern auch emotional und sozial weitergegeben. Oft sind es unausgesprochene Ängste, familiäre Geheimnisse oder unterdrückte Emotionen, die über Generationen hinweg wirken.

Wie äußert sich emotionale Traumavererbung?

- **Unbewusste Ängste:** Manche Menschen fühlen sich grundlos ängstlich oder unsicher, ohne zu wissen, warum.

- **Wiederkehrende emotionale Muster:** Familien, in denen Generationen übergreifend Angst vor Verlust, Wut oder Unterdrückung eine Rolle spielt.

- **Bindungsprobleme:** Wenn frühere Generationen aufgrund von Verlust oder Verlassenwerden Bindungsängste entwickelt haben, können Nachkommen Schwierigkeiten haben, tiefe Beziehungen einzugehen.

8.4 Wie vererbte Traumata aufgelöst werden können

Das Bewusstsein über vererbte Traumata ist der erste Schritt zur Heilung. Durch gezielte Techniken lassen sich diese Muster auflösen und transformieren:

1. Familienaufstellungen

- Diese Methode macht unsichtbare Verstrickungen innerhalb der Familie sichtbar.

- Sie hilft dabei, belastende Ahnenmuster bewusst wahrzunehmen und aufzulösen.

2. Meditation und Visualisierung

- Eine geführte Meditation kann helfen, belastende Energien aus der Ahnenlinie zu transformieren.

- Eine einfache Übung: Stelle dir vor, dass heilendes Licht durch deine Ahnenlinie strömt und alte Muster auflöst.

3. Schreiben eines Briefes an die Ahnen

- Schreibe einen offenen Brief an deine Ahnen, in dem du ihnen für ihre Erfahrungen dankst und gleichzeitig erklärst, dass du ihre Last nicht mehr tragen möchtest.

- Verbrenne den Brief anschließend als Zeichen der Transformation.

4. Körperliche und energetische Heilmethoden

- Atemarbeit, Yoga und Körpertherapien helfen, gespeicherte Traumata sanft zu lösen.

- Energieheilung, Reiki oder schamanische Rituale können die Verbindung zur Ahnenlinie klären.

8.5 Integration der positiven Ahnenkraft

Nicht alle vererbten Muster sind belastend. Unsere Ahnen haben nicht nur Traumata, sondern auch Stärke, Weisheit und Resilienz weitergegeben. Diese Kraft können wir bewusst für unser eigenes Leben nutzen.

Wie aktivieren wir die positive Ahnenkraft?

1. **Dankbarkeitsrituale:** Durch bewusste Dankbarkeit für die positiven Gaben unserer Ahnen stärken wir unsere Verbindung zu ihnen.

2. **Ahnenaltar einrichten:** Ein kleiner Ort mit Symbolen oder Fotos der Vorfahren kann helfen, ihre Energie bewusster wahrzunehmen.

3. **Bewusstes Weitergeben positiver Muster:** Frage dich: Welche positiven Eigenschaften möchtest du in deiner Familie erhalten?

8.6 Epigenetische Heilung ist möglich

Die Forschung bestätigt, dass wir nicht hilflos den Mustern unserer Ahnen ausgeliefert sind. Epigenetische Veränderungen können rückgängig gemacht werden – durch bewusste Transformation, achtsame Lebensführung und emotionale Heilungsarbeit. Die Ahnenmuster, die uns heute beeinflussen, können wir auflösen und umwandeln.

In den kommenden Kapiteln wirst du noch tiefere Techniken und Rituale kennenlernen, um deine Ahnenlinie bewusst zu heilen und das Geschenk der Ahnenkraft positiv in dein Leben zu integrieren. Jetzt ist der Moment, alte Muster loszulassen und dein volles Potenzial zu entfalten.

Kapitel 9: Wiederkehrende Familienmuster erkennen

Jede Familie hat bestimmte Muster, die sich über Generationen hinweg wiederholen. Diese Muster können sich in verschiedenen Lebensbereichen zeigen – in Beziehungen, im Beruf, in finanziellen Angelegenheiten oder in der Art und Weise, wie mit Konflikten umgegangen wird. Das Erkennen dieser Muster ist ein entscheidender Schritt, um sich von belastenden Wiederholungen zu befreien und neue Wege für sich selbst und zukünftige Generationen zu schaffen.

9.1 Wie zeigen sich wiederkehrende Familienmuster?

1. **Glaubenssätze und Überzeugungen:**

   o „In unserer Familie muss man hart arbeiten, um Erfolg zu haben."

   o „Liebe bedeutet Opfer."

   o „Wir haben immer Pech mit Geld."

2. **Beziehungsmuster:**

   o Wiederholte Beziehungsabbrüche oder Scheidungen in der Familie.

- o Schwierigkeit, gesunde emotionale Bindungen aufzubauen.

- o Dysfunktionale Rollenverteilungen (z. B. immer dominante oder unterwürfige Partner in der Familie).

3. **Beruf und Erfolg:**

- o Wiederkehrende finanzielle Unsicherheiten in der Familie.

- o Mangelnde Selbstverwirklichung durch unbewusste Limitierungen.

- o Wiederholtes Scheitern oder Verlust von beruflichen Möglichkeiten.

4. **Emotionales Erbe:**

- o Familien, in denen Angst, Schuld oder Scham über Generationen hinweg weitergegeben wird.

- o Unausgesprochene emotionale Traumata, die im familiären Feld spürbar sind.

- o Tabuthemen, über die nicht gesprochen wird, die aber unterschwellig das Verhalten der Familienmitglieder beeinflussen.

9.2 Übung zur Erkennung wiederkehrender Muster

1. **Erstelle einen Familienbaum:** Notiere die Beziehungen und Muster deiner Eltern, Großeltern und Urgroßeltern. Gibt es wiederkehrende Themen?

2. **Analysiere deine Kindheitserfahrungen:** Welche wiederholten Botschaften hast du von deiner Familie erhalten?

3. **Erkenne deine eigenen Muster:** Gibt es bestimmte Verhaltensweisen, die du immer wieder wiederholst, auch wenn sie dir nicht guttun?

9.3 Strategien zur Veränderung und Heilung familiärer Muster

Sobald du erkannt hast, welche Muster dich unbewusst steuern, kannst du beginnen, sie zu transformieren. Hier sind einige Ansätze:

1. Bewusstes Durchbrechen alter Muster

- Stelle dir bewusst die Frage: „Möchte ich dieses Muster weiterführen?"

- Entwickle eine neue Sichtweise oder ein alternatives Verhalten.

- Beginne, bewusst neue Entscheidungen zu treffen, auch wenn es anfangs ungewohnt erscheint.

2. Vergebung und Loslassen

- Vergebung bedeutet nicht, das Verhalten deiner Ahnen gutzuheißen, sondern dich selbst aus der energetischen Verstrickung zu lösen.

- Schreibe einen Vergebungsbrief an deine Ahnen, in dem du Frieden mit der Vergangenheit schließt.

- Lasse bewusst alte Erwartungen und Prägungen los.

3. Meditation zur Ahnenheilung

- Setze dich in einen ruhigen Raum und schließe die Augen.

- Stelle dir vor, wie sich eine lange Linie deiner Ahnen hinter dir aufstellt.

- Sende ihnen Licht und Liebe, während du bewusst alle negativen Muster auflöst.

- Fühle, wie du dich von alten Energien befreist.

4. Neue Muster bewusst verankern

- Entwickle eine neue Familienvision: Wie sollen Beziehungen in deiner Familie in Zukunft aussehen?

- Setze dir bewusste Affirmationen:

- o „Ich durchbreche alte Muster und erschaffe eine neue Realität."

- o „Ich bin frei, meinen eigenen Weg zu gehen."

- o „Ich ehre meine Ahnen und nehme ihre Weisheit an, aber ich entscheide mich für eine neue Richtung."

9.4 Dein Leben bewusst neugestalten

Wiederkehrende Familienmuster beeinflussen unser Leben tiefgreifend, doch sobald wir sie erkennen und bewusst transformieren, können wir uns von den Lasten der Vergangenheit befreien. Mit gezielter Bewusstseinsarbeit, Ritualen und neuen Überzeugungen können wir die Muster durchbrechen, die uns zurückhalten. Indem du dich mit deiner Ahnenlinie auseinandersetzt, schaffst du nicht nur für dich, sondern auch für zukünftige Generationen einen neuen, kraftvollen Weg.

Kapitel 10: Ungelöste Konflikte aus früheren Generationen

Die Vergangenheit unserer Vorfahren ist in unser Leben eingewoben wie feine, unsichtbare Fäden.

Viele der Herausforderungen, die Menschen heute erleben, haben ihren Ursprung in ungelösten Konflikten vergangener Generationen. Diese Konflikte können in Form von Familienstreitigkeiten, unausgesprochenen Geheimnissen oder unbewältigten Traumata existieren und sich auf subtile Weise im Leben der Nachkommen manifestieren.

Wie äußern sich ungelöste Ahnenkonflikte?

- **Wiederkehrende Streitigkeiten in der Familie**, die scheinbar keinen logischen Ursprung haben.

- **Gefühl von Schuld oder Scham**, ohne eine klare Ursache dafür zu erkennen.

- **Schwierigkeiten in der Selbstfindung**, als ob ein unsichtbares Band an alte Familienmuster fesselt.

- **Unaufgearbeitete Trauer oder Verlustgefühle**, die über Generationen hinweg weitergetragen werden.

Die Rolle von Familiengeheimnissen

Familien, in denen über bestimmte Themen nicht gesprochen wird, tragen oft eine große emotionale Last. Unerklärliche

Spannungen oder Tabus innerhalb der Familie deuten darauf hin, dass ungelöste Konflikte unter der Oberfläche schwelen.

Beispiele für belastende Familiengeheimnisse:

- Uneheliche Kinder, deren Existenz verschwiegen wurde.

- Verluste durch Krieg oder Vertreibung, über die nie gesprochen wurde.

- Finanzielle Probleme oder Betrug, die im Verborgenen geblieben sind.

- Trennungen oder Scheidungen, die in Scham gehüllt wurden.

Wie ungelöste Konflikte geheilt werden können

1. **Erkenne das Muster:** Notiere, welche unerklärlichen Spannungen oder Probleme es in deiner Familie gibt.

2. **Sprich mit älteren Familienmitgliedern:** Manchmal können Gespräche mit Großeltern oder anderen Verwandten Licht ins Dunkel bringen.

3. **Energetische Klärung:** Durch Rituale oder Meditation kann man ungelöste Energien aus der Ahnenlinie bewusst auflösen.

4. **Vergebung praktizieren:** Das bewusste Vergeben – sowohl sich selbst als auch seinen Ahnen – ist ein kraftvoller Weg, um sich von alten Lasten zu befreien.

Ritual zur Ahnenheilung:

- Zünde eine Kerze an und setze dich an einen ruhigen Ort.

- Stelle dir vor, dass du mit deinen Ahnen sprichst und sie bittest, alte Konflikte zu lösen.

- Visualisiere, wie ein goldenes Licht durch die Ahnenlinie fließt und alle Blockaden auflöst.

- Bedanke dich abschließend für die Transformation und schließe das Ritual mit einer positiven Affirmation.

Frieden mit der Vergangenheit schließen

Ungesagte Worte, verborgene Traumata und ungelöste Konflikte unserer Ahnen können unser Leben unbewusst beeinflussen. Indem wir diese anerkennen, heilen und bewusst loslassen, können wir unsere eigene Lebensenergie von diesen Belastungen befreien. Mit jedem Schritt, den wir in Richtung Bewusstwerdung und Transformation gehen, schaffen wir nicht nur für uns, sondern auch für kommende Generationen einen Raum für Heilung und Frieden.

Kapitel 11: Symptome der Ahnenlast in deinem Leben

11.1 Die unsichtbare Last der Ahnen erkennen

Viele Menschen tragen unbewusst die emotionalen, energetischen und mentalen Muster ihrer Ahnen in sich. Diese Last zeigt sich in verschiedenen Aspekten des Lebens, oft in Form von unerklärlichen Blockaden, wiederkehrenden Herausforderungen oder tiefsitzenden Ängsten, die scheinbar keinen offensichtlichen Ursprung haben.

Das Bewusstsein darüber, dass unsere Ahnen uns nicht nur ihre Gene, sondern auch ihre Erfahrungen, Traumata und Glaubensmuster hinterlassen, ist der erste Schritt zur Heilung. Doch wie genau äußert sich die Ahnenlast in unserem Leben? Welche Anzeichen deuten darauf hin, dass wir unbewusst alte Energien mit uns tragen?

Im Folgenden werden wir die häufigsten Symptome der Ahnenlast betrachten und wie sie sich in den Bereichen Emotionen, Psyche, Körper, Beziehungen und Lebensentscheidungen auswirken können.

11.2 Emotionale Symptome der Ahnenlast

Eines der offensichtlichsten Zeichen für eine übernommene Ahnenlast sind emotionale Reaktionen, die scheinbar keinen direkten Bezug zur eigenen Lebensgeschichte haben. Diese Emotionen können urplötzlich auftreten, oft ausgelöst durch bestimmte Situationen, ohne dass es einen logischen oder nachvollziehbaren Grund gibt.

Häufige emotionale Symptome:

- **Unerklärliche Ängste:** Intensive Ängste vor Verlust, Armut, Ablehnung oder Verlassenwerden ohne ersichtlichen Grund.

- **Tiefe Traurigkeit oder Schuldgefühle:** Menschen mit Ahnenlast fühlen oft eine Art existenzielle Trauer oder Schuld, die nicht aus ihren eigenen Erfahrungen stammt.

- **Plötzliche Wut oder Aggression:** Manche Menschen spüren in bestimmten Situationen eine starke emotionale Reaktion, als ob sie die Wut vergangener Generationen in sich tragen.

- **Blockierte Freude:** Das Gefühl, sich nicht wirklich freuen oder Erfolge genießen zu können, als ob etwas oder jemand sie daran hindert.

- **Ständiges Gefühl der Unsicherheit:** Ein unterschwelliges Misstrauen gegenüber dem Leben und anderen Menschen, das oft ohne konkreten Anlass existiert.

Wie du emotionale Ahnenlast erkennst:

- Spürst du intensive Emotionen, die nicht direkt mit deinem aktuellen Leben zusammenhängen?

- Gibt es in deiner Familie emotionale Themen, die über Generationen weitergegeben wurden?

- Wiederholen sich bestimmte emotionale Muster, wie Angst, Wut oder Scham?

11.3 Psychische und mentale Symptome der Ahnenlast

Neben den emotionalen Auswirkungen kann Ahnenlast auch das Denken und die mentale Ausrichtung beeinflussen. Oft übernehmen wir unbewusst negative Glaubenssätze, Denkstrukturen oder Verhaltensweisen aus unserer Ahnenlinie.

Häufige mentale Symptome:

- **Negative Glaubenssätze:** Übernommene Überzeugungen wie „In unserer Familie war Geld immer ein Problem", „Wir müssen hart arbeiten, um etwas wert zu sein" oder „Liebe bedeutet Opfer".

- **Selbstsabotage:** Das unbewusste Verhindern von Erfolg, Glück oder Fortschritt, weil alte Muster aus der Ahnenlinie aktiv sind.

- **Perfektionismus und übertriebene Strenge mit sich selbst:** Wer aus einer Ahnenlinie mit hohen Erwartungen und harter Disziplin stammt, kann Schwierigkeiten haben, sich selbst Fehler zu verzeihen oder sich zu entspannen.

- **Übermäßige Verantwortung für andere:** Manche Menschen fühlen sich gezwungen, für andere einzustehen oder das Leid anderer mitzutragen – eine Dynamik, die oft aus vergangenen Generationen stammt.

- **Unfähigkeit, loszulassen:** An Dingen, Menschen oder Situationen festzuhalten, auch wenn sie nicht mehr dienlich sind, kann ein Hinweis auf unbewusste Ahnenverstrickungen sein.

Wie du mentale Ahnenlast erkennst:

- Gibt es Überzeugungen in deinem Leben, die du nie bewusst hinterfragt hast?

- Fühlst du dich oft von unsichtbaren Verpflichtungen oder Erwartungen gesteuert?

- Wiederholst du immer wieder Verhaltensmuster, die dich in deinem Wachstum hindern?

11.4 Körperliche Symptome der Ahnenlast

Nicht nur Emotionen und Gedanken, sondern auch der Körper kann die energetische Last unserer Ahnen speichern. Unverarbeitete Traumata, Schuldgefühle oder unterdrückte Emotionen können sich in chronischen Schmerzen, Verspannungen oder Erkrankungen manifestieren.

Häufige körperliche Symptome:

- **Unklare chronische Schmerzen:** Besonders Rückenschmerzen, Kopfschmerzen oder Verspannungen können auf übernommene Lasten hinweisen.

- **Erschöpfung und Energielosigkeit:** Das Gefühl, ständig müde oder ausgelaugt zu sein, kann darauf hindeuten, dass energetische Muster aus der Ahnenlinie belasten.

- **Wiederkehrende Erkrankungen innerhalb der Familie:** Bestimmte Krankheiten treten in einigen Familien über Generationen hinweg auf, nicht nur aufgrund genetischer Prädispositionen, sondern auch durch emotionale Vererbung.

- **Atemprobleme oder Engegefühle in der Brust:** Gefühle von Beklemmung, Atemnot oder Enge, die scheinbar grundlos auftreten.

- **Magen-Darm-Probleme:** Oft ein Zeichen für unverarbeitete Angst oder Stress, die aus vergangenen Generationen stammen.

Wie du körperliche Ahnenlast erkennst:

- Gibt es gesundheitliche Beschwerden, die sich nicht durch medizinische Ursachen erklären lassen?

- Leiden mehrere Mitglieder deiner Familie an denselben Beschwerden oder Krankheiten?

- Fühlt sich dein Körper oft schwer, müde oder blockiert an?

11.5 Beziehungsmuster als Spiegel der Ahnenlast

Einer der stärksten Indikatoren für Ahnenlast sind wiederkehrende Beziehungsprobleme. Beziehungen – sei es in Partnerschaft, Freundschaft oder Familie – spiegeln oft ungelöste Themen unserer Ahnenlinie wider.

Typische Beziehungsmuster aus der Ahnenlinie:

- **Bindungsängste oder übermäßige Abhängigkeit:** Muster von Verlustangst oder Co-Abhängigkeit, die sich über Generationen hinweg wiederholen.

- **Wiederholte toxische Beziehungen:** Sich immer wieder in schädlichen Beziehungen wiederzufinden, ohne den Grund dafür zu verstehen.

- **Mangelnde emotionale Nähe:** Schwierigkeiten, sich in Beziehungen zu öffnen oder wahre Intimität zuzulassen.

- **Beziehungsabbrüche in der Ahnenlinie:** Wenn Scheidungen, Trennungen oder Alleinerziehung sich in der Familie über Generationen wiederholen.

- **Schwierigkeiten, Liebe anzunehmen:** Gefühl, Liebe nicht zu verdienen oder immer, um Anerkennung kämpfen zu müssen.

Wie du Beziehungs-Ahnenlast erkennst:

- Wiederholen sich in deiner Familie bestimmte Beziehungsmuster?

- Ziehst du immer wieder ähnliche Partner oder Freunde an?

- Gibt es Beziehungsprobleme, die du nicht erklären kannst?

11.6 Schritte zur Heilung und Transformation

Das Bewusstsein über die eigene Ahnenlast ist der erste Schritt zur Veränderung. Sobald du erkennst, welche Muster du aus deiner Ahnenlinie übernommen hast, kannst du aktiv daran arbeiten, sie zu transformieren.

1. **Erkenne und notiere deine Muster:** Schreibe alle wiederkehrenden Symptome und Herausforderungen auf.

2. **Führe ein Ahnenritual durch:** Verbinde dich bewusst mit deinen Ahnen und bitte sie um Heilung und Loslösung.

3. **Vergebungsarbeit:** Schreibe einen Brief an deine Ahnen, in dem du ihnen vergibst und sie bittest, dich von übernommenen Lasten zu befreien.

4. **Affirmationen und neue Glaubenssätze:** Ersetze alte, blockierende Überzeugungen durch positive und stärkende Affirmationen.

5. **Körperliche Reinigung:** Nutze energetische Techniken wie Meditation, Yoga oder Atemübungen, um alte Energien aus dem Körper zu lösen.

Kapitel 11 hat aufgezeigt, wie sich Ahnenlast in unserem Leben manifestiert und welche Anzeichen darauf hinweisen. In den nächsten Kapiteln werden wir gezielte Techniken und

Rituale erarbeiten, um diese Last endgültig aufzulösen und innere Freiheit zu gewinnen.

Kapitel 12: Emotionale und mentale Blockaden

12.1 Die verborgenen Fesseln der Vergangenheit

Emotionale und mentale Blockaden sind oft das unsichtbare Erbe unserer Ahnen. Während wir unser Leben bewusst nach unseren eigenen Vorstellungen gestalten wollen, tragen wir oft unbewusst alte Ängste, Traumata und Glaubenssätze mit uns, die sich tief in unser Unterbewusstsein eingeprägt haben. Diese Blockaden können sich in wiederkehrenden Problemen, unerklärlichen Ängsten oder anhaltenden Selbstzweifeln zeigen.

Jeder Mensch hat emotionale und mentale Muster, die ihn begleiten. Doch wenn sich bestimmte Themen oder Herausforderungen hartnäckig wiederholen, kann das ein Hinweis darauf sein, dass sie nicht nur aus der eigenen Lebensgeschichte stammen, sondern eine tiefere Wurzel in der Ahnenlinie haben. Diese alten Lasten bewusst zu erkennen und aufzulösen, ist ein essenzieller Schritt zur persönlichen Freiheit und Selbstverwirklichung.

12.2 Emotionale Blockaden: Die verborgenen Wunden der Ahnen

Emotionale Blockaden sind oft die Folge von über Generationen weitergegebenen Traumata oder unverarbeiteten Gefühlen, die tief in unserer Familiengeschichte verankert sind. Sie beeinflussen unsere Reaktionen, unser Selbstbild und unsere Beziehungen, ohne dass wir uns ihrer eigentlichen Herkunft bewusst sind.

Häufige emotionale Blockaden:

- **Angst vor Veränderung:** Ein tiefsitzendes Gefühl von Unsicherheit oder Angst, aus alten Mustern auszubrechen.

- **Unbewusste Schuldgefühle:** Ein innerer Druck, die Leiden der Ahnen wiedergutzumachen, selbst wenn es keinen offensichtlichen Grund dafür gibt.

- **Unerklärliche Wut oder Trauer:** Plötzliche, intensive emotionale Reaktionen, die nicht aus der eigenen Biografie stammen.

- **Gefühl des „Nicht-genug-Seins":** Eine tief verankerte Überzeugung, nicht würdig oder wertvoll genug zu sein.

- **Schwierigkeiten, Liebe und Glück anzunehmen:** Ein unbewusstes Abblocken von positiven Emotionen, als ob man sie nicht verdient hätte.

Wie du emotionale Blockaden erkennst:

- Gibt es wiederkehrende emotionale Muster, die dich in deinem Leben begleiten?

- Spürst du tief in dir Emotionen, die scheinbar keinen direkten Bezug zu deinen eigenen Erfahrungen haben?

- Fällt es dir schwer, bestimmte Gefühle wie Freude, Liebe oder Vertrauen voll und ganz zuzulassen?

12.3 Mentale Blockaden: Die unsichtbaren Ketten der Ahnen

Mentale Blockaden manifestieren sich in unseren Gedankenmustern und Überzeugungen. Sie bestimmen, wie wir die Welt wahrnehmen und welche Entscheidungen wir treffen. Viele dieser Blockaden stammen nicht aus unserem eigenen Leben, sondern wurden von Generation zu Generation weitergegeben.

Typische mentale Blockaden aus der Ahnenlinie:

- **Negative Glaubenssätze:** Überzeugungen wie „Wir hatten es nie leicht", „Geld verdirbt den Charakter" oder „Erfolg ist gefährlich".

- **Selbstsabotage:** Das unbewusste Verhindern von Erfolg oder Glück, weil alte Muster aktiv sind.

- **Übertriebene Disziplin oder Perfektionismus:** Ein inneres Programm, das suggeriert, dass man immer mehr leisten muss, um Anerkennung zu verdienen.

- **Angst vor Sichtbarkeit oder Erfolg:** Ein tief verankertes Muster, das verhindert, sich selbstbewusst zu
  zeigen oder große Chancen wahrzunehmen.

- **Fokus auf Mangel statt auf Fülle:** Der Glaube, dass
  das Leben hart und anstrengend sein muss, anstatt
  es als etwas Fließendes und Positives zu betrachten.

Wie du mentale Blockaden erkennst:

- Gibt es wiederkehrende Gedanken oder Überzeugungen, die dich in deinem Wachstum hindern?

- Fühlst du dich oft, als würdest du dich selbst sabotieren?

- Sind bestimmte Themen in deiner Familie über Generationen hinweg präsent?

12.4 Körperliche Auswirkungen von emotionalen und mentalen Blockaden

Da Körper, Geist und Seele untrennbar miteinander verbunden sind, können emotionale und mentale Blockaden auch
körperliche Symptome hervorrufen. Unser Körper speichert
Emotionen und Traumata, insbesondere wenn sie über einen
langen Zeitraum unterdrückt wurden.

Häufige körperliche Symptome:

- **Verspannungen und Rückenschmerzen:** Oft verbunden mit einer unbewussten Last, die man trägt.

- **Dauerhafte Müdigkeit oder Erschöpfung:** Ein Zeichen dafür, dass viel innere Energie für die Unterdrückung von Emotionen aufgewendet wird.

- **Magen-Darm-Probleme:** Angst oder ungelöste Konflikte aus der Ahnenlinie können sich in Verdauungsstörungen äußern.

- **Atemprobleme oder Engegefühle in der Brust:** Unterdrückte Emotionen, insbesondere Angst und Trauer, können das Atmungssystem belasten.

Wie du körperliche Auswirkungen von Blockaden erkennst:

- Gibt es wiederkehrende körperliche Beschwerden, die keine medizinische Ursache haben?

- Fühlst du dich oft angespannt, ohne genau zu wissen, warum?

- Spürst du, dass bestimmte Emotionen sich in bestimmten Körperbereichen festsetzen?

12.5 Beziehungsmuster als Spiegel emotionaler und mentaler Blockaden

Unsere Beziehungen sind oft ein direktes Spiegelbild unserer unbewussten Blockaden. Viele Beziehungsmuster werden über Generationen weitergegeben und beeinflussen unser Verhalten in Freundschaften, Partnerschaften und Familienbindungen.

Typische Beziehungsmuster durch emotionale Blockaden:

- **Wiederholte toxische Beziehungen:** Sich immer wieder in ungesunden oder destruktiven Beziehungen wiederzufinden.

- **Bindungsangst oder Verlustangst:** Probleme mit Nähe oder Distanz in Beziehungen.

- **Schwierigkeit, Liebe anzunehmen oder zu geben:** Ein tief verankertes Muster, das emotionale Verbundenheit erschwert.

- **Co-Abhängigkeit:** Die Tendenz, sich selbst in einer Beziehung aufzugeben, um den anderen glücklich zu machen.

Wie du Beziehungsblockaden erkennst:

- Wiederholen sich bestimmte Beziehungsprobleme immer wieder?

- Gibt es Ähnlichkeiten zwischen deinen Beziehungen und denen deiner Eltern oder Großeltern?

- Fühlst du dich oft nicht verstanden oder hast Angst, verlassen zu werden?

12.6 Schritte zur Auflösung emotionaler und mentaler Blockaden

Das Erkennen und bewusste Bearbeiten dieser Blockaden ist essenziell für persönliches Wachstum und Heilung. Hier sind einige effektive Methoden zur Transformation:

1. **Innere Arbeit und Reflexion:**

   o Schreibe auf, welche Muster und Blockaden du bei dir erkennst.

   o Stelle dir die Frage: „Sind das wirklich meine eigenen Überzeugungen oder habe ich sie übernommen?"

2. **Ahnenarbeit und Vergebung:**

   o Setze dich bewusst mit deinen Ahnen auseinander und erkenne, welche Muster sie geprägt haben.

   o Vergebung ist ein mächtiges Werkzeug, um sich von übernommenen Lasten zu befreien.

3. **Affirmationen und neue Glaubenssätze:**

   o Ersetze negative Überzeugungen durch neue, positive Glaubenssätze.

   o Beispiele:

      ▪ „Ich bin frei von den Lasten meiner Ahnen."

      ▪ „Ich erschaffe meine eigene Realität voller Liebe und Erfolg."

      ▪ „Ich bin würdig, Glück und Fülle zu empfangen."

4. **Energetische Heilmethoden:**

   o Meditationen, Reiki oder schamanische Rituale können helfen, emotionale und mentale Blockaden zu lösen.

Dieses Kapitel hat aufgezeigt, wie emotionale und mentale Blockaden aus der Ahnenlinie unser Leben beeinflussen. In den nächsten Kapiteln werden wir gezielte Methoden und Übungen erarbeiten, um diese Blockaden nachhaltig zu lösen und persönliche Freiheit zu erlangen.

Kapitel 13: Ängste, Schuldgefühle und wiederkehrende Probleme

13.1 Die verborgenen Ängste unserer Ahnen

Ängste sind ein tief verwurzelter Bestandteil unseres emotionalen Systems, doch nicht alle Ängste, die wir empfinden, gehören tatsächlich zu uns. Häufig sind sie das Ergebnis von über Generationen weitergegebenen Erlebnissen, die als unbewusste Schutzmechanismen im Unterbewusstsein gespeichert sind. Die Ängste unserer Ahnen, ob aus Kriegen, Vertreibung, Armut oder familiären Dramen, können sich in unserem eigenen Leben als blockierende Furcht manifestieren.

Typische übernommene Ängste:

- **Existenzangst:** Die Furcht, nicht genug zu haben oder zu scheitern, oft überliefert durch Ahnen, die Armut oder wirtschaftliche Unsicherheiten erlebt haben.

- **Verlustangst:** Intensive Angst, geliebte Menschen zu verlieren, besonders wenn in der Ahnenreihe viele frühe Todesfälle oder Trennungen vorkamen.

- *Angst vor Veränderung:* Die Unsicherheit, sich neuen Situationen oder Herausforderungen zu stellen, weil frühere Generationen mit Veränderung Gefahr oder Instabilität assoziiert haben.

- **Angst vor Ablehnung:** Übernommene Sorgen, nicht akzeptiert oder geliebt zu werden, oft aus Erfahrungen, in denen ein Ahne ausgegrenzt oder verstoßen wurde.

Wie du übernommene Ängste erkennst:

- Fühlt sich eine Angst unverhältnismäßig stark oder irrational an?

- Spürst du Ängste, die scheinbar ohne klaren Auslöser entstehen?

- Gibt es bestimmte Ängste, die in deiner Familie über Generationen hinweg immer wieder vorkommen?

13.2 Schuldgefühle als ererbte Last

Schuldgefühle sind eine der stärksten emotionalen Belastungen, die wir von unseren Ahnen übernehmen können. Oft tragen wir unbewusst die Schuld aus Taten oder Entscheidungen unserer Vorfahren weiter, selbst wenn wir persönlich nichts damit zu tun haben.

Häufige übernommene Schuldmuster:

- **Unbewusste Loyalität zur Ahnenlinie:** Der Glaube, dass man nicht glücklicher oder erfolgreicher sein darf als seine Ahnen.

- **Schuldgefühle in Beziehungen:** Das ständige Gefühl, nicht genug für andere zu tun oder nicht „gut genug" zu sein.

- **Schuld gegenüber der Familie:** Ein innerer Druck, Erwartungen zu erfüllen oder sich in familiäre Verpflichtungen einzufügen, auch wenn sie der eigenen Seele nicht entsprechen.

- **Kollektive Schuld:** Wenn die Ahnen Verbrechen, Ungerechtigkeiten oder schwere Fehler begangen haben und die Nachkommen unbewusst eine Last mit sich tragen.

Wie du übernommene Schuld erkennst:

- Hast du oft ein schlechtes Gewissen, ohne genau zu wissen, warum?

- Fühlst du dich verpflichtet, Dinge zu tun, die dich eigentlich unglücklich machen?

- Gibt es in deiner Familie ungelöste Themen, über die nicht gesprochen wird, die aber unterschwellig Schuldgefühle erzeugen?

13.3 Wiederkehrende Probleme als Spiegel der Ahnenmuster

Wenn sich bestimmte Probleme immer wieder in unserem Leben zeigen, kann dies ein Zeichen für eine unbewusste Ahnenprägung sein. Diese Muster setzen sich fort, bis jemand bewusst die Entscheidung trifft, sie zu durchbrechen.

Häufige wiederkehrende Muster:

- **Immer wieder scheiternde Beziehungen:** Wenn generationenübergreifend Trennungen, schwierige Ehen oder emotionale Distanz vorherrschen.

- **Finanzielle Schwierigkeiten:** Familien, in denen über Generationen hinweg Geldprobleme bestehen, oft mit dem Glaubenssatz „Geld ist schwer zu verdienen" oder „Reichtum ist gefährlich".

- **Karriere- oder Erfolgshindernisse:** Das ständige Gefühl, kurz vor dem Durchbruch zu scheitern, weil unbewusste Blockaden aus der Ahnenreihe wirken.

- **Wiederkehrende Gesundheitsprobleme:** Krankheiten oder Symptome, die sich von Generation zu Generation wiederholen, nicht nur aus genetischen, sondern auch aus emotionalen und energetischen Gründen.

Wie du wiederkehrende Ahnenmuster erkennst:

- Gibt es Herausforderungen in deinem Leben, die sich immer wieder wiederholen?

- Zeigen sich ähnliche Muster in den Leben deiner Eltern oder Großeltern?

- Fühlst du dich manchmal, als ob du einem unsichtbaren Skript folgst, dass du nicht beeinflussen kannst?

13.4 Der Einfluss dieser Muster auf dein Leben

Übernommene Ängste, Schuldgefühle und wiederkehrende Probleme beeinflussen unser Leben oft subtil, aber nachhaltig. Sie können:

- **Unsere Entscheidungen manipulieren**, indem sie uns von bestimmten Wegen abhalten.

- **Unsere Beziehungen sabotieren**, indem sie uns unbewusst in alte Verhaltensmuster drängen.

- **Unser Selbstbild negativ beeinflussen**, indem sie Zweifel und Unsicherheiten verstärken.

- **Unsere körperliche Gesundheit beeinträchtigen**, indem sie sich als Stress oder chronische Beschwerden manifestieren.

13.5 Methoden zur Auflösung von Ängsten, Schuldgefühlen und wiederkehrenden Problemen

Die gute Nachricht ist: Diese Muster sind nicht in Stein gemeißelt. Sie können durch Bewusstsein, innere Arbeit und gezielte Heiltechniken aufgelöst werden.

1. Familienaufstellung und Ahnenarbeit

Systemische Aufstellungen helfen, unbewusste Verstrickungen sichtbar zu machen und emotionale Blockaden zu lösen. Durch eine bewusste Auseinandersetzung mit den Ahnen kann man die Lasten der Vergangenheit loslassen.

2. Meditation zur Ahnenheilung

Setze dich in einen ruhigen Raum, atme tief ein und aus und stelle dir vor, dass du von deinen Ahnen umgeben bist. Bitte sie bewusst darum, alte Ängste und Schuldgefühle zu heilen und dir ihren Segen für deinen eigenen Weg zu geben.

3. Bewusstwerdung und Affirmationen

Schreibe auf, welche Muster dich belasten, und formuliere neue, positive Glaubenssätze:

- „Ich bin frei von der Angst meiner Ahnen."

- „Ich vergebe meinen Ahnen und lasse die Vergangenheit los."

- „Ich erschaffe meine eigene Realität voller Liebe und Erfolg."

4. Rituale zur Ablösung von Ahnenlast

Zünde eine Kerze an und schreibe einen Brief an deine Ahnen. Bedanke dich für das Gute, das sie weitergegeben haben, und bitte darum, von den negativen Mustern befreit zu werden. Verbrenne den Brief anschließend als Zeichen der Transformation.

5. Körperliche und energetische Reinigung

Da Ängste und Blockaden sich auch im Körper manifestieren, können Techniken wie Yoga, Reiki oder Atemarbeit helfen, diese Energien aufzulösen.

13.6 Der Weg zur inneren Freiheit

Ängste, Schuldgefühle und wiederkehrende Probleme sind oft tief in unserer Ahnenlinie verwurzelt. Doch indem wir uns bewusst mit diesen Mustern auseinandersetzen und aktiv daran arbeiten, sie aufzulösen, können wir unser eigenes Leben neugestalten – frei von der Last der Vergangenheit.

Du hast die Möglichkeit, alte Muster zu durchbrechen und neue, gesunde Strukturen für dich und zukünftige Generationen zu schaffen. Dein Weg beginnt mit der Erkenntnis, dass du nicht die Vergangenheit deiner Ahnen wiederholen musst. Du kannst deine eigene Geschichte schreiben.

Kapitel 14: Beziehungs-, Karriere- und Gesundheitsmuster

14.1 Die verborgenen Verstrickungen unserer Ahnen in Beziehungen, Karriere und Gesundheit

Unsere Beziehungen, unsere berufliche Laufbahn und unsere Gesundheit sind oft nicht nur das Ergebnis unserer eigenen Entscheidungen, sondern spiegeln tief verwurzelte Muster aus unserer Ahnenlinie wider. Wenn wir in bestimmten Lebensbereichen immer wieder auf Hindernisse stoßen, kann dies ein Hinweis darauf sein, dass wir unbewusst die Lasten und Muster unserer Vorfahren mit uns tragen. Diese können sich in Form von Beziehungsproblemen, beruflichen Blockaden oder wiederkehrenden gesundheitlichen Beschwerden zeigen.

Die Bewusstwerdung dieser Muster ist der erste Schritt, um sich davon zu befreien. Denn sobald wir erkennen, dass bestimmte Probleme nicht aus unserer eigenen Biografie stammen, können wir sie bewusst loslassen und neue, gesündere Wege einschlagen.

14.2 Beziehungsmuster – Die Ahnen in unseren Partnerschaften

Viele unserer Beziehungsdynamiken wurzeln in der Vergangenheit unserer Ahnen. Wenn sich bestimmte Muster in unserer Familie immer wiederholen, ist das oft kein Zufall. Ob unglückliche Beziehungen, wiederkehrende Trennungen oder emotionale Distanz – diese Erfahrungen können tief in unserer Familiengeschichte verwurzelt sein.

Häufige generationenübergreifende Beziehungsmuster:

- **Angst vor Nähe und Bindung:** Oft verursacht durch erlebte Verluste oder traumatische Trennungen in der Ahnenlinie.

- **Wiederkehrende toxische Beziehungen:** Wenn Frauen oder Männer in der Familie immer wieder Partner wählen, die ihnen nicht guttun.

- **Einsamkeit und emotionale Distanz:** Wenn in der Familie über Generationen hinweg Liebe und Zuneigung nur spärlich ausgedrückt wurden.

- **Abhängigkeiten in Beziehungen:** Wenn emotionale oder finanzielle Abhängigkeiten von Generation zu Generation weitergegeben werden.

- **Wiederholte Trennungen oder Scheidungen:** Wenn sich bestimmte Beziehungsdramen in der Familie immer wiederholen.

Wie du Beziehungsmuster aus der Ahnenlinie erkennst:

- Gibt es wiederkehrende Beziehungsprobleme in deiner Familie?

- Zeigen sich in deinen Partnerschaften Muster, die deine Eltern oder Großeltern ebenfalls erlebt haben?

- Fühlst du dich in Beziehungen immer wieder gefangen oder stehst du unter Druck?

Übung zur Bewusstwerdung deiner Beziehungsmuster: Erstelle einen Stammbaum deiner Familie und notiere die wichtigsten Beziehungsmuster deiner Eltern, Großeltern und Urgroßeltern. Gibt es wiederkehrende Muster, die sich auch in deinem Leben zeigen? Sobald du diese erkannt hast, kannst du beginnen, sie bewusst zu durchbrechen.

14.3 Karrieremuster – Der Erfolg oder Mangel daran als vererbtes Erbe

Unsere beruflichen Entscheidungen und unser Erfolg sind oft tief mit den Erfahrungen unserer Ahnen verbunden. Manche Familien sind von Generation zu Generation von beruflichen Misserfolgen geprägt, während andere scheinbar mühelos Wohlstand aufbauen. Dies ist kein Zufall, sondern oft ein Ergebnis weitergegebener Überzeugungen und Glaubenssätze.

Häufige übernommene Karrieremuster:

- **„Harte Arbeit ist der einzige Weg zum Erfolg."** – Ein Muster, das von Vorfahren übernommen wurde, die ihr Leben lang kämpfen mussten.

- **„Geld ist schlecht."** – Eine Überzeugung, die aus Zeiten stammt, in denen Wohlstand mit Schuld oder Ungerechtigkeit verbunden war.

- **„Erfolg macht einsam."** – Ein tiefsitzender Glaube, der verhindert, dass man sich beruflich entfaltet.

- **„Unsere Familie hatte noch nie Erfolg."** – Ein Glaubenssatz, der von Generation zu Generation wietergegeben wird und unbewusst Selbstsabotage auslöst.

- **„Man darf nicht mehr haben als die Eltern."** – Unbewusste Loyalität zur Ahnenlinie, die verhindert, dass man über die eigene Familie hinauswächst.

Wie du übernommene Karriereblockaden erkennst:

- Hast du immer wieder das Gefühl, beruflich nicht voranzukommen, obwohl du dein Bestes gibst?

- Wiederholen sich in deiner Familie berufliche Misserfolge oder wirtschaftliche Unsicherheiten?

- Fühlst du dich beruflich oft gehemmt, obwohl du das Potenzial für mehr hast?

Übung zur Bewusstwerdung deiner Karrieremuster:

Schreibe alle Sätze auf, die in deiner Familie über Arbeit, Geld und Erfolg gesprochen wurden. Welche davon hast du unbewusst übernommen? Welche möchtest du bewusst loslassen?

14.4 Gesundheitsmuster – Körperliche Beschwerden als Spiegel der Ahnenlast

Krankheiten und körperliche Beschwerden werden nicht nur genetisch vererbt, sondern auch emotional und energetisch weitergegeben. Bestimmte gesundheitliche Probleme treten innerhalb von Familien über Generationen hinweg auf – oft nicht nur aus biologischen, sondern auch aus psychischen und energetischen Gründen.

Häufige übernommene Gesundheitsmuster:

- **Chronische Schmerzen:** Besonders Rückenschmerzen oder Verspannungen, die oft mit emotionalen Lasten aus der Ahnenlinie zusammenhängen.

- **Herzprobleme:** Oft in Familien verbreitet, die über Generationen hinweg emotionalen Schmerz oder Stress unterdrückt haben.

- **Verdauungsprobleme:** Wenn Angst und Stress aus der Ahnenlinie im Bauchraum gespeichert sind.

- **Migräne und Kopfschmerzen:** Häufig ein Zeichen für unterdrückte Emotionen oder ungelöste Konflikte.

- **Depressive Verstimmungen:** Wenn über Generationen hinweg Emotionen nicht ausgedrückt oder verarbeitet wurden.

Wie du übernommene Gesundheitsmuster erkennst:

- Gibt es Krankheiten oder Beschwerden, die in deiner Familie wiederholt auftreten?

- Hat deine Familie eine Geschichte von Stress, Trauma oder emotionalem Schmerz, der sich körperlich manifestieren könnte?

- Spürst du körperliche Beschwerden, die scheinbar keinen medizinischen Ursprung haben?

Übung zur Bewusstwerdung deiner Gesundheitsmuster: Führe eine Körpermeditation durch, in der du bewusst in dich hineinfühlst und deinen Körper fragst, welche Emotionen oder Ahnenmuster sich in bestimmten Beschwerden zeigen.

14.5 Techniken zur Auflösung dieser Muster

Die gute Nachricht ist: Diese Muster sind nicht unveränderlich. Es gibt zahlreiche Techniken, um die Verstrickungen mit der Ahnenlinie zu lösen und neue, gesunde Lebensmuster zu etablieren.

1. **Ahnenmeditation:**

   o Visualisiere deine Ahnen hinter dir und stelle dir vor, wie du dich liebevoll von den übernommenen Mustern löst.

2. **Vergebungsritual:**

   o Schreibe einen Brief an deine Ahnen, in dem du ihnen für ihre Erfahrungen dankst und dich gleichzeitig von belastenden Mustern löst.

3. **Affirmationen zur Transformation:**

   o „Ich löse mich von den Belastungen meiner Ahnen und gehe meinen eigenen Weg."

   o „Ich bin frei, Erfolg, Liebe und Gesundheit zu genießen."

4. **Körperliche Heilmethoden:**

   o Yoga, Atemübungen oder Energiearbeit helfen, die in deinem Körper gespeicherten Muster zu transformieren.

14.6 Dein Leben neugestalten

Die Muster unserer Ahnen beeinflussen uns oft stärker, als wir denken. Doch indem wir uns dieser Muster bewusst werden und gezielt daran arbeiten, sie zu transformieren, können wir unser Leben neu gestalten – frei von alten Belastungen. Du hast die Möglichkeit, neue, gesunde Beziehungs- , Karriere- und Gesundheitsmuster für dich und kommende Generationen zu erschaffen.

Kapitel 15: Auflösen – Befreie dich von alten Blockaden

15.1 Die Kraft der bewussten Entscheidung

Der erste und wichtigste Schritt zur Auflösung alter Blockaden ist die bewusste Entscheidung, sich von den übernommenen Mustern und Lasten der Ahnen zu befreien. Viele Menschen leben jahrelang mit den Prägungen ihrer Ahnenlinie,
ohne sich darüber bewusst zu sein. Doch sobald wir erkennen, dass wir die Wahl haben, unser eigenes Leben zu gestalten, beginnt ein tiefgreifender Transformationsprozess.

Was bedeutet es, eine bewusste Entscheidung zu treffen?

- Du entscheidest, dass du die alten Muster nicht mehr
  tragen möchtest.

- Du übernimmst Verantwortung für dein eigenes Leben.

- Du öffnest dich für neue Erfahrungen und Möglichkeiten.

- Du löst dich aus der unbewussten Loyalität zu deiner
  Ahnenlinie.

Übung zur bewussten Entscheidung: Setze dich an einen
ruhigen Ort, schließe die Augen und sage laut: „Ich entscheide mich heute bewusst, mich von alten Blockaden zu befrei-

en und mein eigenes Leben zu gestalten. Ich ehre meine Ahnen, aber ich bin frei, meinen eigenen Weg zu gehen."

15.2 Vergebung als Schlüssel zur Heilung

Viele der übernommenen Blockaden haben ihren Ursprung in ungeklärten Konflikten, nicht verarbeiteter Schuld oder unverarbeiteten Emotionen. Vergebung ist eines der kraftvollsten Werkzeuge, um diese Energien zu transformieren und sich von der Last der Vergangenheit zu befreien.

Warum ist Vergebung so wichtig?

- Sie löst emotionale Verstrickungen mit der Ahnen-linie.

- Sie ermöglicht es dir, alte Verletzungen loszulassen.

- Sie schafft Raum für Heilung und neue Energie.

Vergebungsritual:

- Schreibe einen Brief an deine Ahnen, in dem du alles ausdrückst, was unausgesprochen geblieben ist.

- Vergib ihnen und bitte um Vergebung für alles, was ungelöst geblieben ist.

- Verbrenne den Brief als symbolische Handlung, um die alte Energie loszulassen.

15.3 Ahnenmeditation zur Loslösung alter Energien

Meditation ist eine der wirkungsvollsten Methoden, um sich auf einer tiefen Ebene von alten Blockaden zu lösen und gleichzeitig Heilung in die Ahnenlinie zu bringen.

Geführte Ahnenmeditation:

1. Setze dich in einen bequemen Meditationssitz und schließe die Augen.

2. Atme tief ein und aus, um dich zu entspannen.

3. Stelle dir vor, dass du an einem ruhigen, geschützten Ort stehst.

4. Hinter dir erscheinen deine Ahnen in mehreren Generationen.

5. Visualisiere, wie du ein goldenes Licht durch die Ahnenreihe fließen lässt, das alte Belastungen transformiert.

6. Sage innerlich: „Ich danke euch für eure Erfahrungen und euer Wissen, aber ich trage eure Lasten nicht weiter."

7. Spüre, wie sich die Energien lösen und du dich leichter fühlst.

15.4 Das Auflösen alter Glaubenssätze

Viele der Blockaden, die wir aus unserer Ahnenlinie übernommen haben, bestehen in Form von tief verankerten Glaubenssätzen. Diese bestimmen unser Denken, unsere Entscheidungen und unsere Realität.

Typische übernommene Glaubenssätze:

- „Geld ist schwer zu verdienen."

- „Beziehungen sind schmerzhaft."

- „Ich darf nicht erfolgreicher sein als meine Eltern."

- „Ich bin nicht gut genug."

Wie du alte Glaubenssätze auflöst:

1. Schreibe alle negativen Überzeugungen auf, die du von deiner Familie übernommen hast.

2. Ersetze sie durch positive, neue Glaubenssätze.

3. Wiederhole täglich diese neuen Überzeugungen, bis sie in dein Unterbewusstsein übergehen.

Beispiele für positive Affirmationen:

- „Ich bin würdig, Fülle und Erfolg zu empfangen."

- „Ich erschaffe mein eigenes glückliches Leben."

- „Ich bin frei von den Begrenzungen meiner Ahnen."

15.5 Körperliche Befreiung von alten Energien

Da Blockaden nicht nur mental, sondern auch körperlich gespeichert werden, ist es wichtig, auch den Körper in den Heilungsprozess einzubeziehen.

Methoden zur körperlichen Befreiung:

- **Schüttelmeditation:** Lockert angestaute Energien im Körper und befreit das Nervensystem.

- **Atemarbeit:** Bewusstes Atmen hilft, alte Emotionen loszulassen.

- **Yoga und Körperarbeit:** Unterstützt die Freisetzung blockierter Energien.

- **Energieheilung (Reiki, Akupressur, EFT):** Löst emotionale und energetische Blockaden.

Übung zur körperlichen Reinigung:

Stelle dich aufrecht hin und beginne, deinen Körper sanft zu schütteln. Atme tief durch den Mund aus, während du dich bewegst. Stell dir vor, wie alte Energien deinen Körper verlassen.

15.6 Rituale zur Ahnenheilung

Rituale sind kraftvolle Werkzeuge, um symbolisch und energetisch eine Verbindung zu den Ahnen herzustellen und alte Muster aufzulösen.

Beispiele für Ahnenheilungsrituale:

- **Ahnenaltar errichten:** Platziere Fotos oder Symbole deiner Ahnen und zünde eine Kerze für sie an.

- **Dankbarkeitsritual:** Sprich ein Dankgebet an deine Ahnen für das Gute, das sie dir mitgegeben haben.

- **Loslass-Ritual:** Schreibe alte Muster auf einen Zettel und verbrenne ihn als Zeichen der Transformation.

- **Wasserreinigungsritual:** Stelle ein Glas Wasser für deine Ahnen auf und bitte darum, dass sich alte Blockaden auflösen.

15.7 Integration und Neuausrichtung

Nachdem du alte Blockaden gelöst hast, ist es wichtig, neue, stärkende Muster in dein Leben zu integrieren.

Wie du neue Energien bewusst integrierst:

- **Tägliche Affirmationen:** Wiederhole neue Glaubenssätze jeden Morgen.

- **Bewusst neue Entscheidungen treffen:** Handle bewusst anders als die alten Muster es vorgeben.

- **Neue Routinen etablieren:** Schaffe positive Rituale für dein tägliches Leben.

- **Dankbarkeit kultivieren:** Sei dankbar für deine Fortschritte und feiere deine Transformation.

15.8 Deine Befreiung aus alten Mustern

Das Lösen von Ahnenblockaden ist ein kraftvoller Prozess, der Zeit, Bewusstsein und liebevolle Selbstfürsorge erfordert. Doch mit jedem Schritt, den du in Richtung Heilung gehst, gewinnst du mehr Freiheit, Freude und Selbstbestimmung.

Indem du bewusst die Muster deiner Ahnen erkennst, sie transformierst und neue Wege einschlägst, erschaffst du nicht nur für dich, sondern auch für zukünftige Generationen eine neue Realität. Du bist der Schlüssel zur Heilung deiner Ahnenlinie – und damit auch zu deinem eigenen erfüllten Leben.

Kapitel 16: Innere Reflexion: Welche Themen begleiten dich schon lange?

16.1 Die Bedeutung der inneren Reflexion

Innere Reflexion ist ein wesentlicher Bestandteil des Heilungsprozesses, wenn es darum geht, alte Muster und Blockaden zu erkennen und aufzulösen. Viele der Herausforderungen, die uns heute beschäftigen, haben ihre Wurzeln in unserer Ahnenlinie und begleiten uns oft, ohne dass wir ihre Herkunft bewusst hinterfragen. Indem du dich intensiv mit diesen Themen auseinandersetzt, kannst du Licht auf unbewusste Prägungen werfen und den ersten Schritt zur Transformation gehen.

Diese Reflexion ist nicht nur eine mentale Übung, sondern auch ein energetischer Prozess, der es dir ermöglicht, die Verstrickungen mit deiner Ahnenlinie aufzudecken. Sie hilft dir, wiederkehrende Muster zu identifizieren und tiefsitzende Emotionen bewusst zu machen. Das Bewusstsein über diese Themen ist der erste Schritt, um die Blockaden nachhaltig aufzulösen und dich von alten Lasten zu befreien.

16.2 Welche Themen begleiten dich schon lange?

Hast du bestimmte Ängste, Sorgen oder wiederkehrende Herausforderungen, die sich in deinem Leben immer wieder zeigen? Viele Menschen erleben Muster, die sich über Jahre oder sogar Jahrzehnte hinweg wiederholen, ohne zu wissen, warum.

Typische wiederkehrende Themen aus der Ahnenlinie:

- **Schwierigkeiten in Beziehungen:** Immer wieder an toxische Partner geraten oder Angst vor Nähe und Verlassenwerden haben.

- **Finanzielle Herausforderungen:** Ständiger Geldmangel oder das Gefühl, trotz harter Arbeit nicht voranzukommen.

- **Berufliche Blockaden:** Schwierigkeiten, beruflich erfolgreich zu sein oder den eigenen Lebensweg zu finden.

- **Chronische körperliche Beschwerden:** Krankheiten oder Schmerzen, die medizinisch nicht vollständig erklärbar sind.

- **Selbstsabotage:** Immer wieder Entscheidungen treffen, die dich daran hindern, dein volles Potenzial zu entfalten.

Übung: Dein persönlicher Reflexionsprozess

Setze dich in Ruhe mit einem Notizbuch hin und beantworte die folgenden Fragen:

1. Welche Herausforderungen begleiten mich schon mein ganzes Leben?

2. Gibt es wiederkehrende Muster in meinen Beziehungen, meiner Karriere oder meiner Gesundheit?

3. Welche Ängste oder Sorgen habe ich, die scheinbar keinen konkreten Ursprung in meinem eigenen Leben haben?

4. Fühlen sich bestimmte emotionale oder mentale Zustände „alt" oder „fremd" an?

5. Gibt es wiederkehrende Träume oder Bilder, die mich belasten?

Indem du diese Fragen ehrlich beantwortest, wirst du nach und nach Muster erkennen, die nicht nur aus deiner eigenen Erfahrung stammen, sondern möglicherweise aus deiner Ahnenlinie übernommen wurden.

16.3 Emotionale Verstrickungen mit der Ahnenlinie erkennen

Viele emotionale Themen, die uns belasten, sind tief in unserer Ahnenlinie verwurzelt. Unbewusst übernehmen wir emotionale Muster unserer Vorfahren, sei es aus Loyalität oder weil ungelöste Traumata in unserem energetischen Feld weitergegeben wurden.

Häufige emotionale Muster:

- **Übermäßige Schuldgefühle:** Das Gefühl, für das Leid anderer verantwortlich zu sein, ohne einen konkreten Grund.

- **Tiefe Ängste vor Ablehnung oder Versagen:** Übernommen aus Ahnenlinien, in denen Ausgrenzung oder Bestrafung eine Rolle spielten.

- **Mangelndes Selbstwertgefühl:** Ein tiefsitzendes Gefühl, nicht genug zu sein oder Liebe und Erfolg nicht zu verdienen.

- **Unbewusste Wut oder Trauer:** Emotionen, die scheinbar keinen Ursprung in deinem eigenen Leben haben, aber trotzdem stark präsent sind.

Übung: Die emotionale Ahnenanalyse

1. Erstelle eine Liste mit wiederkehrenden Emotionen, die dich belasten.

2. Überlege, ob deine Eltern, Großeltern oder andere Verwandte ähnliche Emotionen gezeigt haben.

3. Frage dich: Könnte diese Emotion aus meiner Ahnenlinie stammen?

4. Schließe die Augen und verbinde dich mit deiner Intuition. Bitte um Klarheit darüber, ob diese Emotion zu dir gehört oder übernommen wurde.

Sobald du erkennst, dass eine Emotion nicht ursprünglich deine ist, kannst du beginnen, sie bewusst loszulassen.

16.4 Mentale Prägungen und Glaubenssätze aus der Ahnenlinie

Unsere Gedanken sind oft nicht unsere eigenen – viele unserer tiefsten Überzeugungen stammen aus unserer Familie. Diese Glaubenssätze bestimmen unbewusst, wie wir unser Leben gestalten.

Typische übernommene Glaubenssätze:

- „Geld ist schwer zu verdienen."

- „Liebe bedeutet Leiden."

- „Man muss hart arbeiten, um erfolgreich zu sein."

- „Unsere Familie hat immer Pech."

- „Ich muss bescheiden sein, um akzeptiert zu werden."

Übung: Die mentalen Muster durchbrechen

1. Schreibe alle negativen Glaubenssätze auf, die in deiner Familie verbreitet waren.

2. Frage dich: „Sind das wirklich meine Überzeugungen oder habe ich sie übernommen?"

3. Ersetze jeden negativen Glaubenssatz durch eine positive Affirmation.

4. Wiederhole diese neuen Affirmationen täglich, um sie in deinem Unterbewusstsein zu verankern.

16.5 Körperliche Signale und die Sprache des Körpers verstehen

Unser Körper speichert emotionale und energetische Informationen. Oft zeigen sich übernommene Blockaden als körperliche Beschwerden, die keinen klaren medizinischen Ursprung haben.

Häufige körperliche Symptome mit emotionaler Ursache:

- **Rückenschmerzen:** Gefühl, eine schwere Last zu tragen.

- **Magenprobleme:** Unverarbeitete Ängste und Unsicherheiten.

- **Atembeschwerden:** Gefühl, nicht genug Raum für sich selbst zu haben.

- **Kopfschmerzen:** Überforderung durch mentale Belastungen.

Übung: Körperliche Blockaden aufspüren

1. Setze dich in Ruhe hin und nimm deinen Körper bewusst wahr.

2. Frage dich: „Welche Körperbereiche fühlen sich angespannt oder blockiert an?"

3. Erinnere dich: Gab es ähnliche Beschwerden bei Familienmitgliedern?

4. Schicke bewusst heilende Energie in die belasteten Körperbereiche.

5. Wiederhole diesen Prozess regelmäßig, um die Blockaden aufzulösen.

16.6 Heilung durch bewusste Neuausrichtung

Nachdem du deine inneren Themen erkannt hast, kannst du beginnen, aktiv neue Energien in dein Leben zu integrieren.

Methoden zur bewussten Neuausrichtung:

- **Tägliche Reflexion:** Nimm dir jeden Abend fünf Minuten Zeit, um deine Gedanken und Emotionen zu beobachten.

- **Dankbarkeitspraxis:** Fokussiere dich bewusst auf die positiven Aspekte deines Lebens.

- **Affirmationen:** Wiederhole kraftvolle Sätze, um neue Energien in dein Unterbewusstsein zu pflanzen.

- **Energiearbeit:** Praktiziere Meditation, Reiki oder Atemübungen, um Blockaden aufzulösen.

- **Rituale zur Ahnenheilung:** Errichte einen Ahnenaltar, um bewusst Frieden mit deiner Vergangenheit zu schließen.

16.7 Dein Weg zur inneren Freiheit

Die Reflexion über die Themen, die dich schon lange begleiten, ist ein kraftvoller Prozess. Indem du deine unbewussten Prägungen erkennst und bewusst transformierst, kannst du dich aus den energetischen Verstrickungen deiner Ahnenlinie befreien. Dies ist der erste Schritt zu einem Leben voller Klarheit, Freiheit und innerem Frieden.

Du hast die Macht, dein eigenes Schicksal zu gestalten – und heute ist der beste Tag, damit zu beginnen.

Kapitel 17: Ahnenmeditation zur Bewusstwerdung

17.1 Die Kraft der Meditation für die Ahnenarbeit

Die Ahnenmeditation ist eine der kraftvollsten Methoden, um eine tiefere Verbindung zu unseren Vorfahren herzustellen und ihre Energien bewusster wahrzunehmen. Sie ermöglicht es dir, Blockaden zu erkennen, alte Lasten loszulassen und Heilung für dich und deine Ahnenlinie zu initiieren.

Durch gezielte Meditation kannst du dich mit den Energien deiner Ahnen verbinden und erkennen, welche Muster oder ungelösten Themen dich unbewusst begleiten. Dabei geht es nicht nur darum, Informationen aus der Vergangenheit zu erhalten, sondern auch darum, Heilung und Transformation auf einer tiefen, energetischen Ebene zu bewirken.

17.2 Warum eine Ahnenmeditation so wirksam ist

Unsere Ahnen sind energetisch immer mit uns verbunden. Sie haben ihre Erfahrungen, Emotionen und Glaubenssätze an uns weitergegeben, sei es genetisch, emotional oder durch gelebte Traditionen. Oftmals tragen wir unbewusst die Ängste, Sorgen oder unerfüllten Träume unserer Vorfahren mit uns, ohne uns dessen bewusst zu sein.

Durch die Ahnenmeditation kannst du:

- Deine Ahnen bewusst um Unterstützung und Heilung bitten.

- Übernommene Glaubenssätze und emotionale Blockaden aufspüren.

- Alte Muster in Liebe loslassen und deine eigene Kraft aktivieren.

- Erkenntnisse über deine familiären Wurzeln gewinnen.

- Frieden und Vergebung in deiner Ahnenlinie bewirken.

17.3 Vorbereitung auf die Ahnenmeditation

Bevor du mit der Meditation beginnst, ist es wichtig, dich auf eine entspannte und empfängliche innere Haltung einzustimmen. Die richtige Vorbereitung kann den Unterschied zwischen einer oberflächlichen Erfahrung und einer tiefgreifenden Transformation ausmachen.

1. Wähle einen ruhigen Ort

Finde einen Ort, an dem du ungestört bist und dich wohlfühlst. Es kann dein Meditationsplatz sein oder einfach ein ruhiger Raum mit gedimmtem Licht.

2. Schaffe eine heilige Atmosphäre

Du kannst Räucherwerk wie Salbei oder Palo Santo verwenden, um den Raum energetisch zu reinigen. Eine Kerze oder ein Ahnenaltar mit Bildern oder Gegenständen deiner Vorfahren kann helfen, die Verbindung zu vertiefen.

3. Setze eine klare Absicht

Überlege dir, mit welcher Frage oder mit welchem Anliegen du in die Meditation gehen möchtest. Deine Absicht könnte sein:

- Erkenntnis über bestimmte Muster in deiner Ahnenlinie zu gewinnen.

- Frieden und Vergebung in deiner Familiengeschichte zu etablieren.

- Führung und Unterstützung für deinen Lebensweg zu erhalten.

17.4 Geführte Ahnenmeditation zur Bewusstwerdung

Setze oder lege dich entspannt hin und schließe deine Augen. Atme tief durch die Nase ein und langsam durch den Mund aus. Spüre, wie sich dein Körper entspannt und dein Geist zur Ruhe kommt.

1. Verbindung mit deiner inneren Mitte

- Stell dir vor, dass ein warmes, goldenes Licht in deinem Herzen leuchtet. Mit jedem Atemzug breitet es sich mehr in deinem Körper aus und bringt dir Ruhe und Geborgenheit.

2. Reise in den Raum der Ahnen

- Visualisiere, wie du dich auf einer Lichtstraße befindest, die dich in einen wunderschönen, lichtvollen Raum führt. Dort warten deine Ahnen auf dich – liebevoll und voller Weisheit.

- Vielleicht erscheinen bestimmte Personen aus deiner Familie vor deinem inneren Auge. Sie können dir ihre Geschichten zeigen oder einfach durch ihre Anwesenheit ihre Energie vermitteln.

3. Die Botschaft deiner Ahnen empfangen

- Frage deine Ahnen: „Welche Botschaft habt ihr für mich?" oder „Welche Muster in meiner Ahnenlinie dürfen jetzt erkannt und transformiert werden?"

- Sei offen für innere Bilder, Gefühle oder Worte, die in deinem Bewusstsein auftauchen. Manchmal sind es klare Antworten, manchmal nur vage Eindrücke – vertraue darauf, dass die Informationen genau richtig für dich sind.

4. Transformation und Heilung

- Stelle dir vor, wie ein goldenes Licht von deinem Herzen in die gesamte Ahnenreihe fließt. Es löst alte Blockaden, transformiert Schmerz in Liebe und bringt Heilung in deine Linie.

- Falls du Unstimmigkeiten oder ungelöste Konflikte wahrnimmst, kannst du in Gedanken um Vergebung bitten und deine Ahnen in Frieden entlassen.

5. Dankbarkeit und Abschluss

- Bedanke dich bei deinen Ahnen für ihre Weisheit und die Weitergabe ihrer Erfahrungen.

- Spüre, wie du mit neuer Kraft und Klarheit in deinen Körper zurückkommst.

- Atme tief ein und aus und öffne sanft die Augen.

17.5 Die Bedeutung der regelmäßigen Ahnenmeditation

Eine regelmäßige Praxis der Ahnenmeditation kann tiefgreifende Veränderungen bewirken. Sie hilft dir, immer wieder mit deiner Herkunft und deinen Wurzeln in Kontakt zu treten, alte Muster zu erkennen und zu transformieren. Je öfter du diese Meditation durchführst, desto klarer werden die Botschaften und desto stärker wird deine Verbindung zu deiner Ahnenlinie.

Vorteile der regelmäßigen Ahnenmeditation:

- Mehr innere Ruhe und Klarheit im Alltag

- Tiefere Verbindung zur eigenen Familiengeschichte

- Bessere Verarbeitung von alten emotionalen Belastungen

- Transformation von übernommenen Ängsten und negativen Mustern

- Stärkung des eigenen Selbstbewusstseins und der inneren Kraft

17.6 Ergänzende Übungen zur Ahnenmeditation

1. Tagebuch über deine Erlebnisse führen

Nach jeder Meditation solltest du deine Eindrücke in ein Tagebuch schreiben. Notiere, welche Botschaften du erhalten hast und welche Emotionen in dir hochgekommen sind.

2. Ahnenrituale zur Vertiefung

Zusätzlich zur Meditation kannst du kleine Rituale durchführen, um die Verbindung zu deinen Ahnen zu stärken.

Zum Beispiel:

- Jeden Abend eine Kerze für deine Ahnen entzünden
- Eine Opfergabe (Blumen, Wasser, Räucherwerk) für sie bereitstellen
- Einen Dankesbrief an deine Ahnen schreiben

3. Körperliche Integration durch Bewegung

Da Ahnenmuster oft tief im Körper verankert sind, kann es hilfreich sein, nach einer Meditation sanfte Bewegung wie Yoga, Tanz oder Atemübungen zu praktizieren, um die Energien zu integrieren.

17.7 Die Ahnenmeditation als Schlüssel zur Transformation

Die Ahnenmeditation ist ein machtvolles Werkzeug, um Bewusstwerdung und Heilung in deine Ahnenlinie zu bringen. Sie hilft dir, dich von übernommenen Blockaden zu befreien, Frieden mit deiner Vergangenheit zu schließen und dich mit der kraftvollen Weisheit deiner Vorfahren zu verbinden.

Indem du diese Meditation regelmäßig praktizierst, wirst du nicht nur Klarheit über deine eigene Lebensreise gewinnen, sondern auch den Weg für zukünftige Generationen ebnen. Dein Mut, dich mit deinen Ahnen auseinanderzusetzen, ist

ein bedeutender Schritt in Richtung eines bewussteren, freieren und erfüllteren Lebens.

Kapitel 18: Ahnen-Tagebuch führen: Eine kraftvolle Übung

18.1 Die Bedeutung eines Ahnen-Tagebuchs

Ein Ahnen-Tagebuch ist ein machtvolles Werkzeug, um deine Verbindung zu deinen Vorfahren bewusst zu stärken, verborgene Muster zu erkennen und Transformation in deine Ahnenlinie zu bringen. Indem du regelmäßig deine Gedanken, Träume und Erkenntnisse festhältst, kannst du tiefere Einsichten gewinnen und Klarheit über die Einflüsse deiner Ahnen in deinem Leben erhalten.

Unsere Ahnen prägen uns durch ihr gelebtes Leben, ihre Entscheidungen, ihre Ängste und Hoffnungen. Ein Tagebuch zu führen hilft dir dabei, bewusster zu reflektieren, welche dieser Energien dich heute noch begleiten, und bietet eine strukturierte Möglichkeit, dein eigenes Wachstum zu dokumentieren.

18.2 Warum ein Ahnen-Tagebuch führen?

Das Führen eines Ahnen-Tagebuchs kann dir helfen:

- **Emotionale und mentale Muster zu erkennen** – Notiere wiederkehrende Themen, die du in deinem Leben feststellst.

- **Tiefere Verbindung zu deinen Ahnen aufzubauen** – Durch bewusste Reflexion stärkst du das Band zu deinen Vorfahren.

- **Botschaften und Zeichen zu entschlüsseln** – Träume, Eingebungen und intuitive Impulse können wertvolle Hinweise enthalten.

- **Heilung in deine Ahnenlinie zu bringen** – Durch bewusste Auseinandersetzung mit ungelösten Familienthemen kannst du zur energetischen Klärung beitragen.

- **Eigene Transformation zu dokumentieren** – Dein Tagebuch zeigt dir im Rückblick deine persönliche Entwicklung.

Ein Ahnen-Tagebuch hilft dir, ein Bewusstsein für wiederkehrende Muster zu entwickeln und Wege zu finden, dich von übernommenen Belastungen zu befreien.

18.3 Wie du ein Ahnen-Tagebuch beginnst

1. Das passende Tagebuch auswählen

Wähle ein Notizbuch, das sich für dich besonders anfühlt. Du kannst ein hochwertiges gebundenes Buch verwenden oder ein spezielles Journal, dass du für diesen Zweck gestaltest.

2. Schaffe einen ruhigen Ritualplatz

Ein besonderer Ort für deine Schreibpraxis hilft dir, in die richtige Stimmung zu kommen. Du kannst eine Kerze entzünden, Räucherwerk verwenden oder dich mit sanfter Musik einstimmen.

3. Setze eine klare Intention

Bevor du zu schreiben beginnst, stelle dir die Frage: „Was möchte ich über meine Ahnen erfahren?" oder „Welche Themen aus meiner Familie möchte ich besser verstehen und heilen?"

18.4 Inhaltliche Gestaltung deines Ahnen-Tagebuchs

Ein Ahnen-Tagebuch kann auf viele Arten geführt werden. Hier sind einige Themenbereiche, die du für deine Einträge nutzen kannst:

1. Familiengeschichte erforschen

- Schreibe alles nieder, was du über deine Ahnen weißt: Namen, Geburts- und Sterbedaten, Herkunft.

- Notiere wichtige Ereignisse, Krisen oder Erfolge, die in deiner Familie über Generationen hinweg eine Rolle gespielt haben.

- Falls möglich, sprich mit älteren Verwandten und dokumentiere ihre Erinnerungen.

2. Ahnenmuster und Wiederholungen erkennen

- Gibt es Themen, die in deiner Familie immer wieder auftreten? (z. B. finanzielle Schwierigkeiten, Beziehungsprobleme, bestimmte Krankheiten)

- Welche Glaubenssätze wurden dir von deiner Familie mitgegeben?

- Gibt es emotionale Muster, die sich wiederholen, wie Angst, Schuld oder das Gefühl, nicht genug zu sein?

3. Botschaften und Träume notieren

- Träume sind oft eine direkte Verbindung zu den Ahnen. Notiere Träume, in denen dir verstorbene Familienmitglieder erscheinen.

- Schreibe intuitive Eingebungen auf, die du während Meditationen oder Ritualen erhältst.

- Beobachte, ob du Zeichen aus deiner Umgebung wahrnimmst (z. B. Federn, Tiere, Lieder, die dich an deine Ahnen erinnern).

4. Emotionale Heilung durch Schreiben

- Schreibe Briefe an deine Ahnen, in denen du dich mit ungelösten Themen auseinandersetzt.

- Führe eine Vergebungsübung durch: Notiere, wem du vergeben möchtest und warum.

- Lass Emotionen fließen – sei es durch freies Schreiben oder das Festhalten von positiven Erinnerungen.

5. Rituale und Zeremonien dokumentieren

- Beschreibe deine Erfahrungen mit Ahnenmeditationen oder speziellen Heilritualen.

- Notiere, welche Veränderungen du nach bestimmten energetischen Arbeiten wahrnimmst.

- Schreibe nieder, wie sich deine Beziehung zu deinen Ahnen mit der Zeit entwickelt.

18.5 Tägliche oder wöchentliche Reflexionsfragen für dein Ahnen-Tagebuch

Hier sind einige Fragen, die du regelmäßig beantworten kannst:

- Welche Gedanken und Emotionen haben mich heute besonders beschäftigt?

- Habe ich heute etwas erlebt, das mich an meine Familie oder meine Ahnen erinnert hat?

- Welche Verhaltensweisen oder Muster aus meiner Familie erkenne ich in mir selbst?

- Welche Glaubenssätze habe ich heute bewusst hinterfragt?

- Habe ich Träume oder intuitive Eingebungen erhalten, die mit meinen Ahnen zu tun haben?

- Welche positiven Gaben und Stärken sehe ich in meiner Ahnenlinie?

- Welche Muster möchte ich bewusst durchbrechen?

Diese Fragen helfen dir, tiefer in dein eigenes Bewusstsein und in deine Ahnenlinie einzutauchen und die Botschaften, die dir übermittelt werden, zu entschlüsseln.

18.6 Wie das Ahnen-Tagebuch zur Transformation beiträgt

Ein Ahnen-Tagebuch ist weit mehr als eine Sammlung von Gedanken – es ist ein Werkzeug zur Heilung und Transformation. Durch das regelmäßige Schreiben wird dir bewusst, welche Muster und Energien in deinem Leben wirksam sind, und du kannst beginnen, sie zu verändern.

Die Wirkung des Ahnen-Tagebuchs:

- Es hilft dir, bewusster mit deinen Ahnen in Kontakt zu treten.

- Es ermöglicht dir, emotionale Wunden zu erkennen und sanft zu heilen.

- Es stärkt dein Selbstbewusstsein, da du erkennst, welche Geschichten deine Familie geprägt haben – und dass du nicht länger an sie gebunden bist.

- Es unterstützt dich darin, Klarheit über deine Lebensaufgabe und dein Erbe zu gewinnen.

- Es gibt dir ein tiefes Gefühl von Verwurzelung und Zugehörigkeit.

18.7 Dein persönlicher Weg zur Ahnenheilung

Das Führen eines Ahnen-Tagebuchs ist eine zutiefst persönliche und kraftvolle Übung, die dich auf eine Reise der Selbsterkenntnis und Transformation führt. Es erlaubt dir, die unsichtbaren Fäden zu entwirren, die dich mit deiner Vergangenheit verbinden, und eröffnet dir die Möglichkeit, neue Wege für dich und kommende Generationen zu ebnen.

Beginne heute mit dem ersten Eintrag in dein Ahnen-Tagebuch. Sei offen für die Botschaften, die kommen, und erin-

nere dich daran: Du bist nicht nur ein Produkt deiner Vergangenheit – du bist die Brücke zur Zukunft.

Kapitel 19: Mentale Techniken zur Transformation alter Energien

19.1 Die Macht des Geistes bei der Transformation

Unser Geist ist ein mächtiges Werkzeug, das uns helfen kann, alte Energien und übernommene Blockaden aus der Ahnenlinie aufzulösen. Mentale Techniken ermöglichen es uns, unser Bewusstsein gezielt auf Heilung und Transformation auszurichten. Durch bewusste Gedankenlenkung, Visualisierungen und Affirmationen können wir tief verankerte Muster erkennen und in neue, kraftvolle Energien umwandeln.

Mentale Techniken bieten dir:

- Die Möglichkeit, alte Glaubenssätze aufzulösen und durch neue zu ersetzen.

- Die Fähigkeit, emotionale und energetische Blockaden bewusst wahrzunehmen und umzuwandeln.

- Werkzeuge zur Stärkung deiner mentalen Klarheit und emotionalen Balance.

Indem du lernst, deinen Geist bewusst einzusetzen, öffnest du die Tür zur Befreiung von übernommenen Energien und gestaltest aktiv dein Leben neu.

19.2 Bewusstwerdung und Innenschau als erster Schritt

Bevor Transformation geschehen kann, ist es wichtig, Bewusstheit über die Themen zu erlangen, die dich aus deiner Ahnenlinie begleiten. Eine tiefe Innenschau hilft dir, deine eigenen Muster und Blockaden zu erkennen und gezielt an ihnen zu arbeiten.

Übung: Selbstreflexion zur Transformation

Nimm dir ein Notizbuch und beantworte folgende Fragen:

- Welche belastenden Gedanken oder Glaubenssätze wiederholen sich in meinem Leben?

- Welche Ängste oder Sorgen trage ich mit mir, die keinen direkten Ursprung in meiner eigenen Biografie haben?

- Gibt es wiederkehrende Konflikte oder emotionale Muster, die mich in meiner Familie begleiten?

- Welche Lebensbereiche fühlen sich für mich schwer oder blockiert an?

Durch diese Fragen erkennst du wiederkehrende Muster und legst die Basis für deren bewusste Transformation.

19.3 Die Kraft der Affirmationen zur Neuausrichtung

Affirmationen sind kraftvolle Werkzeuge, um das Unterbewusstsein neu zu programmieren. Sie helfen dabei, alte negative Glaubensmuster zu durchbrechen und neue, positive Gedanken in dein Bewusstsein zu integrieren.

Wie funktionieren Affirmationen?

- Wiederholte Gedanken formen deine Realität – indem du Affirmationen regelmäßig nutzt, erschaffst du neue energetische Muster.

- Sie wirken auf dein Unterbewusstsein und helfen, alte Überzeugungen durch neue, förderliche zu ersetzen.

- Je öfter du eine Affirmation wiederholst, desto tiefer verankert sie sich in deinem Bewusstsein.

Beispiele für kraftvolle Affirmationen zur Ahnenheilung:

- „Ich bin frei von den begrenzenden Glaubenssätzen meiner Ahnen."

- „Ich ehre meine Vorfahren, aber ich erschaffe meine eigene Realität."

- „Ich lasse alte Muster los und wähle Liebe, Frieden und Fülle."

- „Ich bin verbunden mit der positiven Kraft meiner Ahnenlinie."

Wiederhole deine Affirmationen täglich, am besten morgens nach dem Aufwachen und abends vor dem Schlafengehen, um sie tief in dein Unterbewusstsein zu integrieren.

19.4 Visualisierungstechniken zur energetischen Reinigung

Visualisierung ist eine mächtige Technik, um energetische Transformation bewusst zu lenken. Indem du dir innere Bilder vorstellst, kannst du Energien bewusst auflösen und erneuern.

Übung: Die goldene Lichtreinigung

1. Setze dich in eine ruhige Umgebung und schließe die Augen.

2. Atme tief ein und aus, bis du eine innere Ruhe spürst.

3. Stelle dir ein warmes, goldenes Licht vor, das von oben in deinen Kopf einströmt und deinen ganzen Körper durchflutet.

4. Visualisiere, wie dieses Licht alle alten Energien, Ängste und Blockaden aus deinem Körper herauslöst.

5. Sieh, wie diese alten Muster in reines, klares Licht transformiert werden und sich in Frieden auflösen.

6. Spüre, wie du leichter, freier und kraftvoller wirst.

Diese Übung kannst du täglich durchführen, um dein Energiesystem zu reinigen und dich bewusst mit neuen Energien auszurichten.

19.5 Mentale Schutztechniken für deine Energie

Um dich von belastenden Energien zu schützen und in deiner eigenen Kraft zu bleiben, ist es wichtig, regelmäßig mentale Schutztechniken anzuwenden.

Energie-Schutzschild-Übung

1. Stelle dir vor, dass du von einem strahlenden Lichtkokon umgeben bist, der dich schützt.

2. Dieses Licht kann goldfarben, weiß oder blau sein – wähle die Farbe, die sich für dich am stärksten an-fühlt.

3. Sieh, wie dieses Licht alle negativen Energien reflektiert und nur positive Schwingungen zu dir durch-lässt.

4. Spüre, wie du vollkommen geschützt und in deiner eigenen Kraft bist.

Diese Übung hilft dir, dich von fremden Energien abzugrenzen und dein eigenes energetisches Feld zu stabilisieren.

19.6 Die transformative Kraft des bewussten Atmens

Atmung ist ein direktes Bindeglied zwischen Körper, Geist und Seele. Durch gezielte Atemtechniken kannst du alte Energien loslassen und dich mit neuer, reiner Energie aufladen.

Übung: Befreiender Ahnenatem

1. Setze dich aufrecht hin und schließe die Augen.

2. Atme tief durch die Nase ein und stelle dir vor, wie du heilende Energie aufnimmst.

3. Halte den Atem für ein paar Sekunden und visualisiere, wie alte Blockaden sich lösen.

4. Atme langsam durch den Mund aus und stelle dir vor, dass du alle übernommenen Energien loslässt.

5. Wiederhole diesen Prozess für 5–10 Minuten.

Diese Atemtechnik hilft dir, emotionale und mentale Lasten zu befreien und deine Energie auf einen höheren Zustand anzuheben.

19.7 Dein Geist als Schlüssel zur Transformation

Die bewusste Nutzung deines Geistes ist einer der kraftvollsten Wege, um alte Ahnenmuster zu durchbrechen und dich mit deiner eigenen inneren Wahrheit zu verbinden. Mentale Techniken wie Affirmationen, Visualisierungen, Schutzmethoden und Atemübungen helfen dir, dich bewusst von übernommenen Energien zu lösen und dein eigenes Leben zu gestalten.

Indem du regelmäßig mit diesen Methoden arbeitest, kannst du tiefgreifende Veränderungen in deinem Denken, Fühlen und Handeln bewirken. Die Kraft zur Transformation liegt in dir – nutze sie, um dich von alten Begrenzungen zu befreien und dein volles Potenzial zu entfalten.

Kapitel 20: Die Kraft der Gedanken – Wie du neue Energie in dein System bringst

20.1 Die schöpferische Kraft deiner Gedanken

Unsere Gedanken sind die Bausteine unserer Realität. Alles, was wir fühlen, erleben und manifestieren, beginnt mit einem GeDANKEn. Doch oft sind wir uns der Kraft unserer eigenen Gedanken nicht bewusst und lassen uns unbewusst von übernommenen Mustern und negativen Glaubenssätzen beeinflussen. In diesem Kapitel wirst du lernen, wie du durch gezielte mentale Ausrichtung neue Energie in dein System bringst und deine Realität bewusst erschaffst.

Warum sind Gedanken so machtvoll?

- Jeder Gedanke sendet eine Schwingung aus, die in Resonanz mit ähnlichen Energien tritt.

- Wiederholte Gedanken formen Überzeugungen, die unser Handeln beeinflussen.

- Unsere Gedanken beeinflussen unser Nervensystem, unsere Emotionen und unsere körperliche Gesundheit.

Indem du lernst, deine Gedanken gezielt zu lenken, kannst du dein Energiefeld transformieren und ein neues, kraftvolles Bewusstsein erschaffen.

20.2 Der Einfluss alter Gedankenmuster

Viele unserer Gedanken sind nicht wirklich unsere eigenen – sie sind geprägt von unserer Familie, unseren Ahnen und gesellschaftlichen Strukturen. Wenn wir diese übernommenen Muster nicht bewusst hinterfragen, laufen wir Gefahr, unser Leben unbewusst nach den Vorstellungen anderer zu gestalten.

Typische übernommene Gedankenmuster:

- „Ich muss hart arbeiten, um Erfolg zu haben."

- „Ich bin nicht gut genug."

- „Geld ist schwer zu verdienen."

- „Liebe ist schmerzhaft."

- „Das Leben ist ein Kampf."

Übung: Welche Gedanken begleiten dich?

1. Nimm dir einen Moment Zeit und schreibe alle Gedanken auf, die dich in bestimmten Lebensbereichen immer wieder begleiten.

2. Frage dich: Woher stammen diese Gedanken? Habe ich sie selbst entwickelt oder übernommen?

3. Entscheide bewusst, welche Gedanken du loslassen möchtest.

20.3 Bewusst neue Gedanken erschaffen

Die gute Nachricht ist: Gedanken sind formbar. Du kannst sie bewusst verändern und neue, kraftvolle Gedankenmuster in dein Bewusstsein integrieren.

Schritte zur bewussten Gedankenlenkung:

1. **Erkennen:** Werde dir bewusst, welche negativen Gedanken dich limitieren.

2. **Loslassen:** Entscheide dich aktiv, diese Gedanken loszulassen.

3. **Ersetzen:** Formuliere einen positiven, kraftvollen Gedanken als Ersatz.

4. **Verankern:** Wiederhole diesen neuen Gedanken täglich(t), bis er sich in deinem Unterbewusstsein fest verankert hat.

Beispiele für neue, kraftvolle Gedanken:

- „Ich bin frei, mein eigenes Leben zu erschaffen."

- „Ich bin würdig, Fülle und Liebe zu empfangen."

- „Das Leben unterstützt mich in allem, was ich tue."

- „Ich lasse die alten Muster meiner Ahnen los und gehe meinen eigenen Weg."

20.4 Visualisierung als Energiequelle

Eine der wirkungsvollsten Methoden, um neue Energie in dein System zu bringen, ist die bewusste Visualisierung. Indem du dir eine gewünschte Realität in deinem Geist vorstellst, sendest du eine starke Schwingung aus, die sich in deinem Energiefeld manifestieren kann.

Übung: Energievisualisierung

1. Setze dich in eine bequeme Position und schließe die Augen.

2. Atme tief ein und stelle dir vor, wie mit jedem Atemzug goldenes Licht in dein System fließt.

3. Visualisiere, wie dieses Licht deine alten Gedankenmuster auflöst und Platz für neue, kraftvolle Energien schafft.

4. Stelle dir dein ideales Leben vor – spüre es, sieh es, höre es. Erlebe es so, als wäre es bereits Realität.

5. Bleibe einige Minuten in dieser Vorstellung und öffne langsam die Augen.

Diese Technik kannst du täglich anwenden, um deine innere Energie zu erneuern und deine Realität aktiv zu gestalten.

20.5 Die Wirkung von positiven Affirmationen

Affirmationen sind eine kraftvolle Technik, um deine Gedanken gezielt neu auszurichten. Durch wiederholtes Sprechen oder Schreiben positiver Aussagen kannst du dein Unterbewusstsein neu programmieren.

Beispiele für kraftvolle Affirmationen:

- „Ich bin voller Energie und Lebenskraft."

- „Ich ziehe positive Menschen und Erfahrungen in mein Leben."

- „Meine Ahnen segnen meinen Weg und unterstützen mich."

- „Ich vertraue dem Fluss des Lebens und lasse alte Muster los."

Wiederhole deine Affirmationen täglich mit Überzeugung und spüre, wie sie dein Energiefeld verändern.

20.6 Gedankenhygiene: Schutz vor negativen Einflüssen

Nicht nur unsere eigenen Gedanken beeinflussen unser Energiefeld – auch äußere Einflüsse wie Nachrichten, Gespräche oder soziale Medien können unsere Gedanken negativ beeinflussen. Daher ist es wichtig, bewusst eine Gedankenhygiene zu etablieren.

Tipps für eine gesunde Gedankenhygiene:

- **Achte darauf, womit du dich umgibst:** Vermeide negative Nachrichten oder toxische Beziehungen.

- **Nutze bewusste Medienkonsumzeiten:** Begrenze deine Zeit auf Social Media und achte darauf, welchen Inhalten du folgst.

- **Umgebe dich mit positiven Menschen:** Wähle Menschen in deinem Umfeld, die dich inspirieren und bestärken.

- **Schaffe bewusste Ruhephasen:** Tägliche Stille oder Meditation helfen dir, deine eigenen Gedanken klar zu erkennen.

Durch diese Maßnahmen schützt du dein Energiefeld und bringst mehr positive Schwingung in dein Leben.

20.7 Mentale Neuausrichtung durch Dankbarkeit

Dankbarkeit ist eine der höchsten energetischen Schwingungen, die du in dein Leben bringen kannst. Indem du dich auf das fokussierst, was bereits gut in deinem Leben ist, ziehst du noch mehr positive Energie an.

Dankbarkeitsritual:

1. Führe ein Dankbarkeitstagebuch und notiere täglich mindestens drei Dinge, für die du dankbar bist.

2. Spüre die Dankbarkeit bewusst in deinem Herzen – fühle, wie sich dein Energiefeld dabei verändert.

3. Drücke deine Dankbarkeit auch verbal aus – danke deinen Ahnen, deinem Körper, dem Leben selbst.

Diese einfache Praxis kann deine gesamte Schwingung erhöhen und dein Leben positiv verändern.

20.8 Deine Gedanken als Schlüssel zur Transformation

Die bewusste Lenkung deiner Gedanken ist eine der kraftvollsten Methoden, um neue Energie in dein System zu bringen. Indem du negative Muster erkennst, loslässt und durch neue, positive Gedanken ersetzt, kannst du dein Leben aktiv nach deinen Wünschen gestalten.

Nutze Affirmationen, Visualisierungen, Dankbarkeit und bewusste Gedankenhygiene, um dein Energiefeld auf die höchste Schwingung auszurichten. Dein Geist ist dein stärkstes Werkzeug – setze ihn bewusst ein, um dein Leben voller Freude, Liebe und Fülle zu erschaffen.

Kapitel 21: Affirmationen zur Heilung der Ahnenlinie

21.1 Die transformative Kraft der Affirmationen

Affirmationen sind kraftvolle Werkzeuge zur mentalen und emotionalen Transformation. Sie helfen uns, tief verwurzelte Glaubensmuster zu erkennen, loszulassen und durch neue, heilende Überzeugungen zu ersetzen. Besonders in der Ahnenheilung spielen Affirmationen eine entscheidende Rolle, da sie es uns ermöglichen, alte energetische Lasten zu transformieren und unser Leben bewusster zu gestalten.

Warum sind Affirmationen so wirksam?

- Sie programmieren das Unterbewusstsein auf neue, positive Überzeugungen.

- Sie helfen, alte, übernommene Muster aus der Ahnenlinie aufzulösen.

- Sie stärken das Vertrauen in die eigene Kraft und Identität.

- Sie bringen emotionale Heilung und harmonisieren das Energiefeld.

- Sie fördern die Verbindung zu den positiven Aspekten der Ahnenlinie.

Indem du Affirmationen regelmäßig nutzt, kannst du dich von übernommener Schuld, Angst und Belastung befreien und dein eigenes Leben mit neuer Energie und Klarheit gestalten.

21.2 Affirmationen zur Befreiung von Ahnenlasten

Oft tragen wir unbewusst die Lasten unserer Vorfahren mit uns – emotionale Schmerzen, ungelöste Konflikte oder destruktive Muster. Diese Affirmationen helfen dir, dich von diesen Lasten zu lösen:

- „Ich lasse die Lasten meiner Ahnen in Frieden los."

- „Ich bin frei von übernommenen Ängsten und Blockaden."

- „Ich ehre meine Ahnen, doch ich gehe meinen eigenen Weg."

- „Ich befreie mich von alten Mustern, die mir nicht mehr dienen."

- „Ich lasse alte Wunden los und erschaffe eine neue Realität."

- „Die Vergangenheit ist erlöst, ich bin frei, mein Leben in Liebe zu gestalten."

21.3 Affirmationen zur Vergebung und Heilung

Vergebung ist ein zentraler Bestandteil der Ahnenheilung. Oft sind in der Ahnenlinie ungelöste Konflikte gespeichert, die sich als emotionale oder energetische Blockaden zeigen können. Diese Affirmationen unterstützen den Prozess der Vergebung:

- „Ich vergebe meinen Ahnen und lasse alte Verletzungen los."

- „Ich vergebe mir selbst und öffne mein Herz für Heilung."

- „Ich erkenne das Gute in meiner Ahnenlinie an und lasse das Schwere los."

- „Ich bin bereit, Frieden mit meiner Vergangenheit zu schließen."

- „Ich öffne mich für liebevolle Heilung in meiner Familie und meinem Leben."

21.4 Affirmationen zur Stärkung der Ahnenverbindung

Viele Menschen fühlen sich von ihren Ahnen getrennt oder haben das Gefühl, keine Unterstützung aus ihrer Ahnenlinie zu erhalten. Diese Affirmationen helfen, eine liebevolle und kraftvolle Verbindung zu den Vorfahren herzustellen:

- „Ich bin in Liebe und Respekt mit meinen Ahnen verbunden."

- „Ich nehme die Weisheit meiner Ahnen dankbar an."

- „Die positiven Kräfte meiner Ahnen fließen durch mich."

- „Ich bin getragen von der Liebe und Stärke meiner Vorfahren."

- „Ich bin ein Teil einer langen Ahnenlinie und ehre meine Wurzeln."

21.5 Affirmationen zur Transformation alter Glaubensmuster

Viele Glaubenssätze werden unbewusst von Generation zu Generation weitergegeben. Diese Affirmationen helfen dir, destruktive Überzeugungen aufzulösen und durch neue, kraftvolle Gedanken zu ersetzen:

- „Ich bin frei von übernommenen Begrenzungen."

- „Ich erlaube mir, Erfolg, Liebe und Fülle in mein Leben zu ziehen."

- „Ich erschaffe meine eigene Realität voller Frieden und Glück."

- „Ich bin würdig, das Leben zu führen, das ich mir wünsche."

- „Ich löse mich von alten Mustern und öffne mich für neue Möglichkeiten."

21.6 Affirmationen zur Heilung der weiblichen Ahnenlinie

Viele Frauen tragen unbewusst die Schmerzen und Einschränkungen ihrer weiblichen Ahnen mit sich. Diese Affirmationen helfen, Heilung in die weibliche Ahnenlinie zu bringen:

- „Ich heile die Wunden meiner weiblichen Ahnen."

- „Ich bin frei, mein volles Potenzial als Frau zu entfalten."

- „Ich ehre die Stärke und Weisheit meiner weiblichen Vorfahren."

- „Ich lasse alte Begrenzungen los und lebe in meiner vollen Kraft."

- „Ich bin eine Quelle von Liebe, Heilung und Schöpfungskraft."

21.7 Affirmationen zur Heilung der männlichen Ahnenlinie

Viele Männer tragen unbewusst die Lasten ihrer männlichen Ahnen, wie unterdrückte Emotionen, Leistungsdruck oder das Gefühl, nicht genug zu sein. Diese Affirmationen helfen, Heilung in die männliche Ahnenlinie zu bringen:

- „Ich heile die Verletzungen meiner männlichen Ahnen."

- „Ich erlaube mir, Emotionen frei und authentisch zu fühlen."

- „Ich ehre die Kraft und Weisheit meiner männlichen Vorfahren."

- „Ich bin frei von destruktiven Rollenbildern und Erwartungen."

- „Ich bin ein Mann in meiner vollen Kraft und Authentizität."

21.8 Wie du Affirmationen in deinen Alltag integrierst

Um die volle Wirkung von Affirmationen zu entfalten, ist es wichtig, sie regelmäßig in deinen Alltag zu integrieren. Hier sind einige Möglichkeiten, wie du Affirmationen gezielt nutzen kannst:

1. Tägliche Wiederholung

Sprich deine Affirmationen morgens nach dem Aufwachen und abends vor dem Schlafengehen laut oder leise in Gedanken.

2. Schriftliche Verankerung

Schreibe deine Affirmationen täglich in ein Tagebuch oder notiere sie auf Post-its, die du an häufig gesehenen Orten anbringst.

3. Meditation mit Affirmationen

Nutze Affirmationen während einer Meditation. Atme tief ein und wiederhole deine gewählte Affirmation in Gedanken oder laut.

4. Visuelle Unterstützung

Erstelle eine Collage oder ein Vision Board mit deinen Affirmationen, um sie visuell zu verankern.

5. Körperliche Integration

Sprich Affirmationen während einer achtsamen Bewegungspraxis, z. B. beim Yoga oder Spaziergang in der Natur.

21.9 Fazit: Affirmationen als Schlüssel zur Ahnenheilung

Affirmationen sind eine wirkungsvolle Methode, um die Ahnenlinie bewusst zu transformieren und Heilung in die Vergangenheit, Gegenwart und Zukunft zu bringen. Indem du gezielt positive und heilende Sätze wiederholst, löst du alte Muster auf und öffnest dich für eine neue, kraftvolle Realität.

Erinnere dich daran: Du bist nicht allein auf deinem Weg. Die Energie deiner Ahnen begleitet dich – und du hast die Möglichkeit, mit kraftvollen Gedanken eine neue Zukunft für dich und kommende Generationen zu erschaffen.

Kapitel 22: Visualisierungstechniken zur Transformation

22.1 Die Macht der Visualisierung in der Ahnenheilung

Visualisierung ist eine der kraftvollsten Techniken, um alte Energien zu transformieren und eine neue Realität zu erschaffen. Unser Geist kann sich nicht zwischen real erlebten Erfahrungen und lebhaft vorgestellten Bildern unterscheiden – das bedeutet, dass wir durch gezielte Visualisierung unser Energiefeld bewusst beeinflussen können.

Die Visualisierung hilft dir:

- Versteckte Blockaden in deiner Ahnenlinie aufzudecken und aufzulösen.

- Emotionale Wunden durch gezielte innere Bilder zu heilen.

- Neue, kraftvolle Gedankenmuster zu verankern.

- Die Verbindung zu deinen Ahnen bewusst zu stärken.

- Dein Energiesystem auf eine höhere Schwingung auszurichten.

In diesem Kapitel wirst du verschiedene Visualisierungstechniken kennenlernen, die dich auf deinem Heilungsweg unterstützen können.

22.2 Wie funktioniert Visualisierung?

Visualisierung ist eine mentale Technik, bei der du dir ein bestimmtes Bild, eine Szene oder eine gewünschte Realität so lebendig wie möglich vorstellst. Unser Unterbewusstsein nimmt diese inneren Bilder als Realität wahr und beginnt, sich danach auszurichten.

Schlüsselprinzipien der erfolgreichen Visualisierung:

- **Emotionale Verbindung:** Je mehr du eine Emotion mit der Visualisierung verbindest, desto stärker wirkt sie.

- **Regelmäßige Wiederholung:** Wiederhole deine Visualisierungen täglich, um nachhaltige Veränderungen zu bewirken.

- **Details und Klarheit:** Stelle dir dein gewünschtes Ziel so klar wie möglich vor – Farben, Geräusche, Gefühle und sogar Gerüche können das Erlebnis intensivieren.

- **Vertrauen in den Prozess:** Lasse Zweifel los und vertraue darauf, dass dein Unterbewusstsein deine Visualisierungen in die Realität umsetzt.

22.3 Visualisierung zur Reinigung der Ahnenenergie

Diese Technik hilft dir, alte energetische Belastungen aus deiner Ahnenlinie zu lösen und deine Verbindung zu heilen.

Übung: Die goldene Lichtreinigung

1. Setze dich in eine bequeme Position und schließe die Augen.

2. Atme tief ein und aus, bis du dich entspannt fühlst.

3. Stelle dir vor, dass ein goldenes Licht über deinem Kopf erscheint und langsam durch deinen Körper fließt.

4. Dieses Licht durchdringt jede Zelle deines Körpers und löst alle übernommenen negativen Energien.

5. Visualisiere, wie das Licht durch deine Wirbelsäule aufsteigt und sich über deine Ahnenlinie ausbreitet.

6. Spüre, wie alle dunklen oder schweren Energien aufgelöst und in Liebe transformiert werden.

7. Bedanke dich bei deinen Ahnen für die Heilung und öffne langsam deine Augen.

Diese Visualisierung kann täglich angewendet werden, um dein Energiefeld zu reinigen und dein Ahnenkarma zu heilen.

22.4 Die Ahnenlinie in Harmonie bringen

Viele Menschen tragen unbewusste Konflikte oder ungelöste Themen aus ihrer Ahnenlinie mit sich. Diese Visualisierung hilft, Frieden und Harmonie in deine Familiengeschichte zu bringen.

Übung: Die Versöhnungsreise

1. Setze dich bequem hin und schließe die Augen.

2. Stelle dir einen langen Weg vor, auf dem deine Ahnen in einer Reihe stehen.

3. Gehe langsam an ihnen vorbei und beobachte ihre Gesichter – erkenne ihre Geschichten, ihre Emotionen und ihren Ausdruck.

4. Falls du spürst, dass bei einem Ahnen besonders viel Belastung liegt, stelle dir vor, wie du ihm Licht und Liebe sendest.

5. Gehe weiter, bis du am Ende des Weges stehst und dich selbst als Lichtwesen siehst – befreit von alten Lasten.

6. Spüre die Dankbarkeit für deine Ahnen und ihre Erfahrungen und öffne deine Augen.

Diese Übung hilft dir, emotionale Verstrickungen aufzulösen und deine Ahnenlinie mit Heilung und Frieden zu erfüllen.

22.5 Visualisierung zur Aktivierung der Ahnenkraft

Nicht nur die Blockaden deiner Ahnen können dich beeinflussen – auch ihre Weisheit, ihre Stärken und ihr Wissen können bewusst aktiviert werden. Diese Übung hilft dir, die positiven Energien deiner Vorfahren in dein Leben zu integrieren.

Übung: Die Ahnenkraft in dir erwecken

1. Setze dich in eine entspannte Position und schließe die Augen.

2. Visualisiere eine große, alte Eiche – sie symbolisiert deine Ahnenlinie.

3. Stelle dir vor, wie du deine Hände auf den Stamm legst und spürst, wie kraftvolle Energie durch dich fließt.

4. Die Wurzeln der Eiche reichen tief in die Vergangenheit – sie tragen das Wissen und die Weisheit deiner Ahnen.

5. Atme tief ein und lasse diese Energie in dein Herz fließen.

6. Spüre, wie du mit jeder Einatmung kraftvoller, weiser und gestärkter wirst.

7. Bedanke dich bei deinen Ahnen für ihre Unterstützung und öffne langsam deine Augen.

Durch diese Visualisierung kannst du dich bewusst mit den positiven Aspekten deiner Ahnenlinie verbinden und ihre Stärken für dein eigenes Leben nutzen.

22.6 Manifestationsvisualisierung für eine neue Realität

Diese Visualisierung hilft dir, die energetischen Prägungen deiner Ahnen zu transformieren und eine neue, positive Zukunft für dich selbst und deine Nachkommen zu erschaffen.

Übung: Die Zukunft in Liebe gestalten

1. Schließe die Augen und stelle dir vor, wie du auf einer Lichtstraße stehst.

2. Hinter dir liegt deine Vergangenheit mit all den Prägungen deiner Ahnen.

3. Vor dir erstreckt sich ein neuer Weg – hell, voller Möglichkeiten und freier Entscheidungen.

4. Visualisiere dich selbst als kraftvolles, leuchtendes Wesen, das sich frei für seinen eigenen Weg entscheidet.

5. Sieh, wie du bewusst alte Muster hinter dir lässt und stattdessen Freude, Fülle und Liebe in dein Leben ziehst.

6. Spüre die neue Energie, die dich umgibt, und verankere dieses Bild tief in deinem Bewusstsein.

Durch diese Technik kannst du bewusst alte Ahnenmuster hinter dir lassen und deine Zukunft in einer positiven Schwingung gestalten.

22.7 Die Macht der Visualisierung nutzen

Visualisierung ist ein mächtiges Werkzeug, um Ahnenmuster zu transformieren, Heilung in die Vergangenheit zu bringen und eine neue, selbstbestimmte Realität zu erschaffen. Indem du diese Techniken regelmäßig anwendest, kannst du dein Energiefeld bewusst beeinflussen und die Verbindung zu deinen Ahnen heilen.

Nutze diese Methoden mit Vertrauen und Hingabe – die Kraft der Visualisierung wird dir helfen, deine Vergangenheit zu klären, deine Gegenwart zu stärken und deine Zukunft bewusst zu gestalten.

Kapitel 23: Vergebung als Schlüssel zur Ahnenheilung

23.1 Die Bedeutung der Vergebung in der Ahnenheilung

Vergebung ist eines der kraftvollsten Werkzeuge, um tief sitzende Blockaden und alte Muster innerhalb der Ahnenlinie zu lösen. Viele der emotionalen Lasten, die wir in unserem Leben tragen, sind nicht nur unsere eigenen, sondern wurden über Generationen hinweg weitergegeben. Unbewusst tragen wir ungelöste Konflikte, emotionale Verletzungen und Schuldgefühle unserer Ahnen in uns. Diese Lasten können sich in unseren Beziehungen, unserer Karriere oder unserer Gesundheit widerspiegeln.

Vergebung bedeutet nicht, das Geschehene gutzuheißen oder zu vergessen. Es bedeutet, sich von der emotionalen und energetischen Bindung an vergangene Verletzungen zu lösen und Raum für Heilung und Transformation zu schaffen.

Warum ist Vergebung so wichtig?

- Sie löst emotionale und energetische Verstrickungen mit der Ahnenlinie.

- Sie ermöglicht es dir, alte Wunden zu heilen und Frie-den mit der Vergangenheit zu schließen.

- Sie schafft Raum für neue, positive Energien und Muster in deinem Leben.

- Sie erlaubt es dir, dein eigenes Leben frei von übernommenen Lasten zu gestalten.

23.2 Die Illusion der Schuld und die wahre Bedeutung von Vergebung

Viele Menschen haben das Gefühl, dass sie entweder anderen oder sich selbst nicht vergeben können. Schuldgefühle sind oft tief in unserem Familiensystem verankert und verhindern, dass wir uns vollständig befreien.

Gängige Schuldmuster in der Ahnenlinie:

- „Ich darf nicht glücklicher sein als meine Vorfahren."

- „Meine Familie hat so viel durchgemacht, ich kann mein eigenes Leben nicht genießen."

- „Es ist meine Schuld, dass ich nicht genug für meine Ahnen getan habe."

- „Ich habe versagt, weil ich ihre Erwartungen nicht erfüllt habe."

Solche Gedankenmuster halten uns in der Vergangenheit gefangen und verhindern, dass wir unsere volle Lebenskraft entfalten. Vergebung bedeutet, diese inneren Fesseln zu sprengen und mit Mitgefühl auf uns selbst und unsere Ahnen zu blicken.

Übung: Die Illusion der Schuld auflösen

1. Schreibe auf, welche Schuldgefühle dich mit deiner Ahnenlinie verbinden.

2. Frage dich: Ist diese Schuld wirklich deine oder hast du sie übernommen?

3. Sprich laut oder schreibe: „Ich erlaube mir, frei von Schuld zu sein. Ich entscheide mich für Vergebung."

23.3 Die fünf Ebenen der Vergebung

Vergebung geschieht auf mehreren Ebenen. Um eine tiefgehende Transformation zu erreichen, ist es wichtig, jede dieser Ebenen bewusst zu durchlaufen.

1. **Kognitive Ebene:** Verstehen, dass Vergebung notwendig ist.

2. **Emotionale Ebene:** Sich den unterdrückten Gefühlen stellen.

3. **Energetische Ebene:** Loslassen der übernommenen Belastungen.

4. **Spirituelle Ebene:** Die Verbindung zur Ahnenlinie neu ausrichten.

5. **Physische Ebene:** Vergebung durch Rituale und Handlungen verankern.

Jede dieser Ebenen erfordert Zeit und Hingabe, aber der Lohn ist innere Freiheit und Heilung.

23.4 Vergebungsrituale für die Ahnenheilung

1. Das Ahnenbrief-Ritual

Schreibe einen Brief an deine Ahnen, in dem du all deine Gefühle ausdrückst. Bedanke dich für ihr Erbe, aber lasse auch das los, was dich belastet. Verbrenne den Brief anschließend als symbolischen Akt der Transformation.

2. Meditation der Vergebung

1. Setze dich in einen ruhigen Raum und schließe die Augen.

2. Stelle dir vor, wie ein goldener Lichtstrahl von deinem Herzen in die Ahnenreihe fließt.

3. Sprich in Gedanken oder laut: „Ich vergebe euch. Ich vergebe mir. Ich lasse los."

4. Spüre, wie sich eine neue Leichtigkeit in deinem Energiefeld ausbreitet.

3. Das Wasserritual der Reinigung

Wasser ist ein kraftvolles Element zur energetischen Reinigung. Fülle eine Schale mit Wasser, halte deine Hände darüber und sprich: „Mit diesem Wasser reinige ich meine Ahnenlinie. Ich lasse alle alten Lasten los." Trinke das Wasser anschließend oder gieße es in die Natur als Zeichen der Transformation.

23.5 Selbstvergebung: Die Basis für tiefe Heilung

Oft fällt es uns schwerer, uns selbst zu vergeben als anderen. Doch wahre Heilung beginnt in uns selbst. Solange wir uns selbst für Entscheidungen oder Fehler der Vergangenheit verurteilen, halten wir uns in einem Kreislauf aus Schuld und Schmerz gefangen.

Affirmationen zur Selbstvergebung:

*   „Ich vergebe mir für alles, was ich mir selbst vor-werfe."

*   „Ich erlaube mir, meine Vergangenheit in Liebe anzunehmen."

*   „Ich lasse Selbstverurteilung los und öffne mich für Heilung."

- „Ich bin würdig, frei und glücklich zu sein."

Übung:

1. Schreibe alle Situationen auf, in denen du dir selbst nicht vergeben hast.

2. Lies jede Situation laut vor und sage danach: „Ich vergebe mir und lasse los."

3. Spüre, wie sich dein Herz mit jedem Satz mehr öffnet.

23.6 Vergebung in der Ahnenlinie weitergeben

Wenn du deine eigene Heilung in der Ahnenlinie beginnst, setzt du eine Welle der Veränderung in Gang. Deine innere Arbeit hat nicht nur Auswirkungen auf dich, sondern auch auf kommende Generationen.

Wie kannst du Vergebung weitergeben?

- Indem du bewusst liebevolle, vergebende Gedanken in dein Familiensystem sendest.

- Indem du alte Konflikte bewusst ruhen lässt, anstatt sie weiterzutragen.

- Indem du kommende Generationen dazu ermutigst, frei von übernommenen Lasten zu leben.

23.7 Vergebung als Befreiung

Vergebung ist kein einmaliger Akt, sondern ein fortlaufender Prozess der Heilung. Indem du deinen Ahnen vergibst, dir selbst vergibst und alte Muster loslässt, öffnest du dich für eine tiefgehende Transformation. Die Vergangenheit kann nicht verändert werden, aber dein Verhältnis zu ihr schon.

Erinnere dich: Vergebung ist ein Geschenk, das du dir selbst machst. Und je mehr du loslässt, desto mehr Raum schaffst du für Liebe, Frieden und eine Zukunft voller Möglichkeiten.

Kapitel 24: Warum Vergebung so wichtig ist

24.1 Die Bedeutung der Vergebung für die Ahnenheilung

Vergebung ist einer der tiefgreifendsten und wirkungsvollsten Schritte auf dem Weg zur Ahnenheilung. Sie ermöglicht es uns, die emotionalen und energetischen Lasten der Vergangenheit loszulassen und unser Leben in neue, positive Bahnen zu lenken. Ohne Vergebung bleiben viele alte Wunden offen, die unser Leben in Form von negativen Glaubenssätzen, wiederkehrenden Mustern oder unbewussten Blockaden beeinflussen können.

Vergebung bedeutet jedoch nicht, dass wir vergangene Verletzungen gutheißen oder vergessen. Es bedeutet vielmehr, dass wir uns entscheiden, uns von der negativen Energie dieser Erlebnisse zu befreien und nicht länger an ihnen festzuhalten. Dadurch gewinnen wir nicht nur innere Freiheit, sondern ermöglichen auch unseren Ahnen und zukünftigen Generationen eine tiefere Heilung.

Warum Vergebung so wichtig ist:

- Sie befreit dich von emotionalem Ballast und inneren Konflikten.

- Sie löst karmische Verstrickungen mit deiner Ahnenlinie.

- Sie schafft Raum für Heilung und neue, positive Energie.

- Sie unterstützt deine persönliche Entwicklung und spirituelles Wachstum.

- Sie öffnet dein Herz für Frieden, Mitgefühl und Selbstliebe.

24.2 Die Auswirkungen unvergebener Wunden

Unvergebene Wunden haben weitreichende Auswirkungen auf unser Leben. Sie können sich nicht nur in unseren Gedanken und Emotionen, sondern auch in unserem physischen Körper manifestieren. Viele körperliche Beschwerden wie chronische Verspannungen, Verdauungsprobleme oder anhaltende Müdigkeit können auf unterdrückte emotionale Konflikte zurückzuführen sein.

Häufige Auswirkungen von unvergebenen Verletzungen:

- **Emotionale Belastung:** Wut, Trauer und Angst bleiben unbewusst in uns gespeichert.

- **Wiederkehrende Beziehungsmuster:** Unvergebene Verletzungen führen oft dazu, dass wir ähnliche Konflikte in unseren Beziehungen erleben.

- **Selbstsabotage:** Alte Wunden beeinflussen unser Selbstwertgefühl und hindern uns daran, unser volles Potenzial zu entfalten.

- **Energetische Blockaden:** Unverarbeitete Emotionen können den Fluss unserer Lebensenergie stören und uns schwächen.

Übung: Mache eine Liste aller Menschen oder Situationen, denen du noch nicht vergeben hast. Frage dich: Was hält mich davon ab, loszulassen? Bin ich bereit, den ersten Schritt zur Heilung zu gehen?

24.3 Vergebung als energetische Befreiung

Jede emotionale Wunde, die wir tragen, speichert sich nicht nur in unserem Geist, sondern auch in unserem Energiefeld. Vergebung ist der Schlüssel, um diese stagnierenden Energien aufzulösen und unser energetisches Gleichgewicht wiederherzustellen. Viele Menschen berichten, dass sie sich nach einem bewussten Vergebungsprozess deutlich leichter, freier und klarer fühlen.

Geführte Meditation zur energetischen Vergebung:

1. Setze dich an einen ruhigen Ort und schließe die Augen.

2. Atme tief ein und aus, um dich zu entspannen.

3. Stelle dir eine Person oder Situation vor, der du vergeben möchtest.

4. Visualisiere, wie ihr beide in goldenes Licht gehüllt seid.

5. Sage in Gedanken oder laut: „Ich vergebe dir. Ich befreie mich und dich von dieser Last."

6. Spüre, wie sich dein Herz öffnet und die schwere Energie aus deinem Körper weicht.

7. Bedanke dich für die Erkenntnis und kehre mit neuer Klarheit in den Moment zurück.

24.4 Vergebung als Tor zu neuen Möglichkeiten

Wenn wir uns für Vergebung öffnen, entstehen neue Möglichkeiten in unserem Leben. Wir befreien uns nicht nur von der Vergangenheit, sondern öffnen uns auch für eine neue Zukunft. Viele Menschen erleben nach einem bewussten Vergebungsprozess eine tiefere innere Ruhe, bessere zwischenmenschliche Beziehungen und eine gesteigerte Lebensfreude.

Wie Vergebung dein Leben verändern kann:

- **Frieden und Gelassenheit:** Du wirst nicht länger von der Vergangenheit belastet.

- **Stärkere Beziehungen:** Du kannst anderen mit mehr Mitgefühl begegnen.

- **Innere Heilung:** Du befreist dich von emotionalem Schmerz und Trauma.

- **Mehr Lebensenergie:** Deine Energie wird nicht mehr von alten Wunden blockiert.

Übung:

1. Denke an eine Person, der du vergeben möchtest, aber noch Schwierigkeiten damit hast.

2. Schreibe auf, was dich an dieser Person verletzt hat.

3. Formuliere einen Satz der Vergebung, z. B.: „Ich vergebe dir und lasse diesen Schmerz los."

4. Lies diesen Satz täglich für eine Woche und spüre die Veränderung in dir.

24.5 Vergebung als kollektiver Prozess

Vergebung ist nicht nur ein individueller Prozess, sondern auch eine kollektive Heilung. In vielen Kulturen gibt es Rituale und Zeremonien, die der Ahnenvergebung gewidmet sind. Indem du für deine Ahnen vergibst, trägst du dazu bei, alte Muster in deiner Familie zu durchbrechen und zukünftigen Generationen eine neue Energie zu ermöglichen.

Ritual zur Ahnenvergebung:

1. Entzünde eine Kerze und stelle ein Bild oder Symbol deiner Ahnen auf.

2. Sprich laut: „Ich vergebe euch und bitte um Vergebung für alles, was unausgesprochen geblieben ist."

3. Schreibe einen Brief an deine Ahnen, in dem du alles loslässt, was dich noch belastet.

4. Verbrenne den Brief als Zeichen der Transformation und Freiheit.

Dieses Ritual kann eine tiefe energetische Reinigung bewirken und deine Verbindung zu deiner Ahnenlinie auf einer neuen, friedvollen Ebene etablieren.

24.6 Fazit: Vergebung als Schlüssel zur Transformation

Vergebung ist ein essenzieller Schritt in der Ahnenheilung. Sie befreit uns von alten Lasten, harmonisiert unser Energiefeld und öffnet unser Herz für neue Möglichkeiten. Indem wir bewusst vergeben – sowohl uns selbst als auch anderen – schaffen wir Raum für Wachstum, Liebe und Frieden.

Wichtige Erkenntnisse:

- Vergebung bedeutet loslassen, nicht vergessen.

- Unvergebene Wunden können unser Leben negativ beeinflussen.

- Durch Vergebungsrituale und Meditationen können wir energetische Blockaden lösen.

- Vergebung öffnet uns für neue Chancen und eine tiefere innere Heilung.

- Wir haben die Macht, durch Vergebung Frieden in unsere Ahnenlinie zu bringen.

Wenn du dich auf die Reise der Vergebung begibst, wirst du feststellen, dass sie nicht nur deine Ahnen heilt, sondern auch dich selbst. Sie schenkt dir Leichtigkeit, inneren Frieden und die Möglichkeit, dein Leben aus einer neuen Perspektive zu gestalten.

Kapitel 25: Rituale zur Vergebung und Loslösung

25.1 Die Kraft von Ritualen in der Vergebungsarbeit

Rituale sind seit jeher ein wichtiger Bestandteil menschlicher Heilungsprozesse. Sie helfen uns, alte Energien bewusst loszulassen, emotionale Wunden zu heilen und neue, positive Kräfte in unser Leben zu ziehen. Besonders in der Ahnenarbeit sind Rituale kraftvolle Werkzeuge, um die Vergebung und Loslösung auf einer tiefen energetischen Ebene zu verankern.

Vergebung ist oft ein langer Prozess, der nicht nur durch das Bewusstsein geschieht, sondern durch regelmäßige Handlungen und Absichten unterstützt werden muss. Rituale ermöglichen es uns, mit unserer Seele und den Seelen unserer Ahnen auf einer tiefen spirituellen Ebene zu kommunizieren.

Warum sind Rituale zur Vergebung so kraftvoll?

- Sie schaffen einen symbolischen Abschluss alter Konflikte und energetischer Verstrickungen.

- Sie unterstützen die emotionale Verarbeitung von Schmerzen und Traumata.

- Sie helfen dabei, Frieden und Harmonie in die Ahnenlinie zu bringen.

- Sie erleichtern den persönlichen Heilungsprozess durch bewusste Handlung und Intention.

- Sie ermöglichen eine bewusste Loslösung von übernommenen Lasten.

25.2 Das Feuerritual zur Transformation

Feuer ist eines der stärksten Symbole für Transformation und Reinigung. Es hilft, alte Energien zu verbrennen und Platz für Neues zu schaffen.

Durchführung des Feuerrituals:

1. Suche dir einen ruhigen Ort, vorzugsweise im Freien oder an einem sicheren Platz mit einer Feuerschale.

2. Schreibe auf ein Blatt Papier alles, was du vergeben oder loslassen möchtest – alte Konflikte, Schuldgefühle, Ängste oder negative Glaubenssätze.

3. Entzünde eine Kerze und halte das Papier darüber.

4. Lies die Worte auf dem Papier laut vor und sage: „Ich vergebe und lasse los. Ich öffne mein Herz für Frieden und Heilung."

5. Verbrenne das Papier in der Flamme und stelle dir vor, wie die alte Energie sich in Licht und Liebe verwandelt.

6. Atme tief ein und aus und spüre die Erleichterung, die durch das Ritual in dir entsteht.

Dieses Ritual kann regelmäßig wiederholt werden, um tiefere Schichten von Belastungen loszulassen und innere Klarheit zu gewinnen.

25.3 Das Wasser-Ritual zur Reinigung und Erneuerung

Wasser steht für Reinigung, Emotionen und den Fluss des Lebens. Ein Wasser-Ritual kann helfen, emotionale Altlasten zu klären und die Energie der Vergebung in dein System zu integrieren.

Durchführung des Wasser-Rituals:

1. Bereite eine Schale mit klarem Wasser vor oder begib dich an einen natürlichen Wasserlauf (Bach, See oder Meer).

2. Halte deine Hände über das Wasser und visualisiere, wie sich die negativen Energien darin auflösen.

3. Sprich eine Vergebungsaffirmation, z. B.: „Ich vergebe mir selbst und anderen. Ich erlaube mir, frei zu sein."

4. Tauche deine Hände in das Wasser und stelle dir vor, wie alles Belastende fortgespült wird.

5. Falls du am Wasser bist, kannst du eine Blume oder ein Blatt als Symbol für deine Vergebung ins Wasser geben und es davontragen lassen.

Das Wasser-Ritual ist besonders wirkungsvoll, wenn du es bei abnehmendem Mond durchführst, da diese Phase ideal für das Loslassen alter Energien ist.

25.4 Das Ahnenvergebungs-Ritual

Oft tragen wir unbewusst emotionale oder karmische Belastungen aus unserer Ahnenlinie mit uns. Ein gezieltes Ahnenvergebungs-Ritual kann dabei helfen, Frieden mit der Vergangenheit zu schließen und Heilung in die Ahnenreihe zu bringen.

Durchführung des Ahnenvergebungs-Rituals:

1. Errichte einen kleinen Ahnenaltar mit Fotos oder symbolischen Gegenständen deiner Vorfahren.

2. Entzünde eine Kerze und stelle eine Schale mit Wasser oder eine Blume als Zeichen der Versöhnung bereit.

3. Schließe die Augen, atme tief ein und rufe in Gedanken deine Ahnen.

4. Sprich laut oder in Gedanken: „Ich vergebe euch und bitte um Vergebung für alles, was unausgesprochen geblieben ist."

5. Visualisiere, wie goldenes Licht deine Ahnen umhüllt und alle alten Belastungen in Liebe transformiert.

6. Bleibe für einige Minuten in Stille und spüre die Veränderung in deinem Herzen.

7. Beende das Ritual mit einem Dankgebet und lasse die Kerze langsam ausbrennen.

Dieses Ritual kann besonders kraftvoll sein, wenn es zu besonderen Anlässen wie Vollmondnächten oder Ahnenfesten durchgeführt wird.

25.5 Das Vergebungsritual mit einem Brief

Ein Vergebungsbrief ist eine tiefgehende Methode, um belastende Gedanken und Emotionen in Worte zu fassen und bewusst loszulassen.

Schritte für das Vergebungsbrief-Ritual:

1. Nimm ein Blatt Papier und schreibe einen Brief an die Person oder Situation, der du vergeben möchtest.

2. Lasse alle Emotionen zu und drücke sie schriftlich aus – Wut, Trauer, Enttäuschung, aber auch Liebe und Verständnis.

3. Formuliere bewusst eine Vergebungsabsicht: „Ich vergebe dir aus tiefstem Herzen und lasse diesen Schmerz los."

4. Lies den Brief laut vor, um die Energie bewusst aus deinem System zu entlassen.

5. Zerreiße oder verbrenne den Brief als Zeichen, dass du die Vergangenheit loslässt und dich für eine neue Zukunft öffnest.

Diese Übung kann dir helfen, Klarheit zu gewinnen und dich emotional zu befreien.

25.6 Die tägliche Vergebungsaffirmation

Vergebung ist ein Prozess, der oft Zeit braucht. Eine tägliche Affirmationspraxis kann dabei helfen, das Herz nach und nach für Vergebung zu öffnen.

Beispiele für tägliche Vergebungsaffirmationen:

- „Ich vergebe und lasse los."

- „Ich öffne mein Herz für Frieden und Heilung."

- „Ich bin frei von alten Verletzungen."

- „Ich vergebe mir selbst und erlaube mir, glücklich zu sein."

- „Die Vergangenheit ist geheilt, ich bin bereit für eine neue Zukunft."

Wiederhole eine dieser Affirmationen jeden Morgen oder Abend, um Vergebung in dein Bewusstsein und Unterbewusstsein zu integrieren.

25.7 Rituale als kraftvolle Vergebungspraxis

Rituale sind kraftvolle Werkzeuge zur bewussten Vergebung und Loslösung. Sie helfen, emotionale Altlasten in Liebe aufzulösen, energetische Verstrickungen zu lösen und Frieden mit der Vergangenheit zu schließen. Egal, für welches Ritual du dich entscheidest – jedes bewusste Handeln in Richtung Vergebung wird dein Leben nachhaltig positiv beeinflussen.

Wichtige Erkenntnisse:

- Rituale schaffen eine bewusste Handlungsebene für Vergebung.

- Feuer-, Wasser-, Ahnen- und Brief-Rituale sind wirkungsvolle Methoden der Transformation.

- Eine tägliche Affirmationspraxis unterstützt den langfristigen Vergebungsprozess.

- Vergebung bringt Frieden, Freiheit und emotionale Heilung in dein Leben.

Indem du regelmäßig Vergebungsrituale praktizierst, stärkst du nicht nur deine eigene emotionale Gesundheit, sondern bringst auch Heilung in deine Ahnenlinie und deine gesamte energetische Umgebung.

Kapitel 26: Die „Briefe-an-die-Ahnen"-Methode

26.1 Die Bedeutung von schriftlicher Vergebung und Kommunikation

Die „Briefe-an-die-Ahnen"-Methode ist eine kraftvolle Technik, um unausgesprochene Emotionen zu verarbeiten, alte Wunden zu heilen und Frieden in deine Ahnenlinie zu bringen. Viele Menschen tragen ungelöste Konflikte oder Emotionen gegenüber ihren Vorfahren mit sich, sei es durch persönliche Erfahrungen oder durch generationsübergreifende Muster. Diese Methode ermöglicht es, diese Lasten bewusst loszulassen und eine tiefe innere Heilung zu erfahren.

Warum ist das Schreiben an die Ahnen so wirksam?

- Es ermöglicht eine bewusste Auseinandersetzung mit ungelösten Themen.

- Es schafft Klarheit und emotionale Entlastung.

- Es hilft, Vergebung auszusprechen, auch wenn die betreffende Person nicht mehr lebt.

- Es kann dazu beitragen, Familienmuster zu erkennen und zu durchbrechen.

- Es stärkt die Verbindung zu den Ahnen und ermöglicht eine heilende Kommunikation.

Durch das bewusste Niederschreiben von Gedanken und Gefühlen erhalten wir die Möglichkeit, alte emotionale Verstrickungen loszulassen und einen energetischen Neuanfang zu schaffen.

26.2 Wie du deinen Brief an die Ahnen schreibst

Ein Brief an deine Ahnen sollte aus dem Herzen kommen. Es gibt keine festen Regeln, doch einige Schritte können dir helfen, den Prozess so heilsam wie möglich zu gestalten.

Schritt 1: Bereite dich vor

- Suche dir einen ruhigen Ort, an dem du ungestört bist.

- Zünde eine Kerze an oder stelle ein Bild deiner Ahnen auf, um eine bewusste Verbindung zu schaffen.

- Nimm dir ein Notizbuch oder ein loses Blatt Papier und einen Stift.

Schritt 2: Finde deine Intention

Überlege dir, warum du diesen Brief schreibst. Möchtest du Vergebung aussprechen? Möchtest du deine Dankbarkeit zeigen? Oder gibt es Fragen, auf die du Antworten suchst? Je klarer deine Intention ist, desto tiefer wird die Wirkung des Briefes sein.

Schritt 3: Schreibprozess – mögliche Struktur deines Briefes

1. **Anrede:** Sprich deine Ahnen direkt an („Liebster Groß-vater", „An meine Vorfahren" etc.).

2. **Erinnerungen und Emotionen:** Schreibe über die Be-ziehung, die du zu dieser Person oder deiner Ahnenlinie hast.

3. **Unausgesprochene Worte:** Teile Dinge, die du nie aus-sprechen konntest oder die du immer schon sagen wolltest.

4. **Vergebung oder Dankbarkeit:** Drücke bewusst aus, dass du loslässt, vergibst oder Dankbarkeit empfindest.

5. **Abschluss:** Beende deinen Brief mit einem positiven Ausblick oder einer bewussten energetischen Entlas-sung („Ich lasse die Vergangenheit los und öffne mich für Heilung").

26.3 Beispiele für „Briefe an die Ahnen"

Beispiel 1: Vergebungsbrief an einen Ahnen

Lieber Großvater,

ich schreibe dir diesen Brief, weil ich spüre, dass zwischen uns etwas Ungelöstes ist. Ich weiß, dass du viele Kämpfe in deinem Leben führen musstest, und ich verstehe, dass du dein Bestes gegeben hast. Dennoch trage ich in mir eine Last, die ich nicht mehr mit mir herumtragen möchte.

Ich vergebe dir für die Härte, die in unserer Familie weitergegeben wurde. Ich erkenne, dass du es nicht anders kanntest und dass du selbst viel Schmerz in dir getragen hast. Ich lasse diese Muster nun los und entscheide mich für ein Leben in Frieden und Liebe.

Danke für all das, was du mir trotzdem mitgegeben hast. Ich ehre deine Stärke und deine Geschichte, doch ich wähle meinen eigenen Weg.

In Liebe und Vergebung, [Dein Name]

Beispiel 2: Dankbarkeitsbrief an die Ahnen

Liebe Ahnen,

heute möchte ich euch meinen tiefsten Dank aussprechen. Ohne euch wäre ich nicht hier, ohne eure Erfahrungen, eure Liebe und eure Herausforderungen wäre ich nicht die Person, die ich heute bin.

Ich ehre euren Weg und erkenne die Opfer an, die ihr gebracht habt, um eure Familien zu versorgen. Ich bin dankbar für die Kraft, die ihr mir mitgegeben habt, und für die Weisheit, die ich in mir trage.

Danke für alles, was ihr mir mitgegeben habt. Ich verspreche, euer Erbe in Liebe und Frieden weiterzutragen.

In tiefer Dankbarkeit, [Dein Name]

26.4 Was du nach dem Schreiben des Briefes tun kannst

Nachdem du deinen Brief geschrieben hast, gibt es verschiedene Möglichkeiten, wie du ihn energetisch loslassen oder in ein Ritual einbinden kannst:

1. **Verbrennen:** Dies ist die kraftvollste Methode, um die Energien freizusetzen. Stelle dir dabei vor, wie sich die Worte in Licht und Liebe auflösen.

2. **Vergraben:** Du kannst den Brief an einem besonderen Ort in der Erde vergraben, um die Energie symbolisch zu transformieren.

3. **In Wasser auflösen:** Falls du einen besonders emotionalen Brief geschrieben hast, kannst du ihn ins Wasser geben (z. B. in einen Bach oder das Meer), um die Energien weiterfließen zu lassen.

4. **Aufbewahren:** Falls du dich noch nicht bereit fühlst, den Brief loszulassen, kannst du ihn in ein spezielles Tagebuch legen und später erneut lesen.

26.5 Die langfristige Wirkung der „Briefe-an-die-Ahnen"-Methode

Das regelmäßige Schreiben an die Ahnen kann ein tiefgehender Teil deines Heilungsweges sein. Es hilft dir:

- Alte emotionale Wunden Stück für Stück zu transformieren.

- Eine bewusstere und friedvollere Verbindung zu deiner Ahnenlinie aufzubauen.

- Dein Herz für mehr Liebe, Verständnis und Mitgefühl zu öffnen.

- Den Schmerz der Vergangenheit in eine Quelle der Weisheit zu verwandeln.

Diese Methode kann ein wertvolles Ritual in deinem Leben werden, besonders in Zeiten des Übergangs, an besonderen Feiertagen oder wenn du das Gefühl hast, eine tiefere Verbindung zu deiner Herkunft herstellen zu wollen.

26.6 Heilung durch schriftliche Kommunikation mit den Ahnen

Die „Briefe-an-die-Ahnen"-Methode ist ein kraftvolles Werkzeug, um mit deiner Ahnenlinie bewusst in Kontakt zu treten und emotionale Heilung zu ermöglichen. Durch das bewusste Schreiben kannst du nicht nur alte Wunden heilen, sondern auch Dankbarkeit und Frieden in deine Vergangenheit und Zukunft bringen.

Wichtige Erkenntnisse:

- Briefe ermöglichen eine bewusste Reflexion und Transformation alter Energien.

- Sie schaffen Klarheit und helfen, unausgesprochene Emotionen zu lösen.

- Das Ritual des Schreibens kann immer wieder genutzt werden, um neue Erkenntnisse zu gewinnen.

- Die Ahnen können durch diese Methode bewusst in Liebe und Frieden verabschiedet werden.

Indem du regelmäßig mit deinen Ahnen durch das Schreiben kommunizierst, schaffst du nicht nur Heilung für dich selbst, sondern auch für zukünftige Generationen.

Kapitel 27: Energetische Heilmethoden für die Ahnenlinie

27.1 Die Bedeutung der energetischen Ahnenheilung

Die energetische Heilung der Ahnenlinie ist eine tiefgehende Praxis, die uns hilft, alte Blockaden und übernommene Muster aufzulösen, die unser Leben beeinflussen. Viele unserer emotionalen und mentalen Herausforderungen stammen nicht aus unserem eigenen Erleben, sondern sind das Ergebnis unverarbeiteter Energien unserer Ahnen. Durch bewusste energetische Heilmethoden können wir diese Verstrickungen lösen und sowohl für uns als auch für zukünftige Generationen einen neuen Weg ebnen.

Warum ist energetische Ahnenheilung wichtig?

- Sie hilft, generationsübergreifende Traumata zu lösen.

- Sie bringt Frieden in die Ahnenlinie und befreit uns von übernommenen Lasten.

- Sie stärkt die Verbindung zu unseren Wurzeln und öffnet den Zugang zu der Weisheit unserer Ahnen.

- Sie fördert emotionale, körperliche und spirituelle Heilung.

27.2 Energetische Blockaden in der Ahnenlinie erkennen

Bevor Heilung geschehen kann, ist es wichtig, sich bewusst zu machen, welche Blockaden in der Ahnenlinie existieren. Diese können sich in verschiedenen Lebensbereichen zeigen:

- **Beziehungsmuster:** Wiederkehrende Konflikte, problematische Partnerschaften oder Bindungsängste.

- **Geld- und Erfolgsblockaden:** Übernommene Glaubenssätze wie „Geld ist schwer zu verdienen" oder „Reichtum ist gefährlich".

- **Gesundheitliche Themen:** Chronische Beschwer-den, die in der Familie gehäuft auftreten.

- **Emotionale Muster:** Schuldgefühle, Ängste oder wiederkehrende depressive Zustände.

Übung: Notiere in deinem Ahnen-Tagebuch wiederkehrende Muster in deiner Familie und überlege, ob es eine Verbindung zu deinen eigenen Herausforderungen gibt. Dies kann der erste Schritt zur bewussten Transformation sein.

27.3 Ahnenaufstellungen – Systemische Heilung durch Energiearbeit

Eine der wirkungsvollsten Methoden zur energetischen Heilung der Ahnenlinie ist die systemische Aufstellungsarbeit. Durch eine Ahnenaufstellung können unbewusste Verstrickungen sichtbar gemacht und transformiert werden.

Wie funktioniert eine Ahnenaufstellung?

1. Ein Thema oder Problem wird bewusst gewählt (z. B. eine Blockade oder ein Muster, das sich wiederholt).

2. Durch Stellvertreter oder innere Visualisierung wer-den die beteiligten Ahnen energetisch sichtbar gemacht.

3. Unbewusste Dynamiken werden erkannt und durch bewusste Interventionen gelöst.

4. Durch eine neue Ordnung und Wertschätzung der Ahnen kann Heilung stattfinden.

Diese Methode kann in Einzelarbeit mit einem Therapeuten oder durch selbstgeführte Meditationen angewendet werden.

27.4 Energieheilung mit Reiki und Quantenheilung

Energetische Heilmethoden wie Reiki oder Quantenheilung sind sanfte, aber kraftvolle Werkzeuge, um die Energie der Ahnenlinie zu reinigen und zu harmonisieren.

Reiki für die Ahnenheilung

Reiki ist eine japanische Heilmethode, die durch sanftes Auflegen der Hände die Lebensenergie (Ki) wieder ins Gleichgewicht bringt.

Reiki-Übung zur Ahnenheilung:

1. Lege deine Hände auf dein Herz und visualisiere deine Ahnenlinie hinter dir.

2. Stelle dir vor, wie goldenes Licht durch deine Hände in deine Ahnen strömt und alle dunklen Energien transformiert.

3. Spüre die Dankbarkeit und Liebe, die durch die Heilung entsteht.

4. Beende die Übung mit einer Affirmation: „Ich sende Licht und Frieden in meine Ahnenlinie."

Quantenheilung zur Ahnenreinigung

Quantenheilung arbeitet mit der reinen Absicht der Heilung und nutzt das Quantenfeld, um Veränderungen auf tiefster Ebene zu bewirken.

Quantenheilungsübung:

1. Setze eine klare Absicht: „Ich löse alte Muster in meiner Ahnenlinie auf."

2. Visualisiere, wie sich alte energetische Verstrickungen lösen und in reines Licht übergehen.

3. Spüre die Transformation und das Gefühl von Freiheit in deinem ganzen Wesen.

27.5 Klangheilung und Frequenzen zur Ahnenreinigung

Klang ist eine der ältesten Heilmethoden der Menschheit und wirkt direkt auf das Energiesystem. Bestimmte Frequenzen können helfen, alte emotionale Belastungen zu lösen und die Ahnenlinie zu harmonisieren.

Klangheilung mit Mantras und Trommeln

- **Mantras:** Gesungene oder gesprochene Silben wie „OM" oder „HU" helfen, das Energiefeld der Ahnen zu reinigen.

- **Trommelreisen:** Die rhythmischen Schwingungen einer Trommel helfen, in einen tiefen Entspannungszustand zu gelangen und mit den Ahnen auf einer spirituellen Ebene zu kommunizieren.

Übung:

1. Setze dich an einen ruhigen Ort und spiele sanfte Trommelklänge oder Mantra-Musik.

2. Schließe die Augen und stelle dir vor, wie sich deine Ahnen in einem Kreis um dich versammeln.

3. Sende ihnen Liebe und Frieden durch die Klänge.

4. Spüre die Transformation in deinem Herzen und bedanke dich für ihre Weisheit.

27.6 Kristallheilung für die Ahnenlinie

Kristalle sind kraftvolle Werkzeuge zur energetischen Heilung. Einige Steine haben besondere Eigenschaften, die die Ahnenheilung unterstützen können.

Empfohlene Kristalle für die Ahnenarbeit:

- **Amethyst:** Klärt alte energetische Blockaden und fördert die spirituelle Verbindung.

- **Schwarzer Turmalin:** Schützt vor übernommenen negativen Energien.

- **Rosenquarz:** Fördert Vergebung und liebevolle Heilung innerhalb der Familie.

- **Selenit:** Unterstützt die Kommunikation mit höheren Ahnenebenen.

Übung:

1. Lege einen passenden Kristall auf dein Herzchakra und schließe die Augen.

2. Visualisiere, wie die Energie des Steins deine Ahnenlinie klärt und harmonisiert.

3. Lasse alle alten Muster bewusst los und lade neue positive Schwingungen ein.

27.7 Energetische Heilmethoden als Schlüssel zur Ahnenharmonie

Die energetische Heilung der Ahnenlinie ist ein wirkungsvoller Weg, um alte Muster zu transformieren und eine neue Realität für dich und zukünftige Generationen zu erschaffen. Durch systemische Aufstellungen, Reiki, Quantenheilung, Klangheilung und Kristallarbeit kannst du dein Energiesystem bewusst reinigen und harmonisieren.

Wichtige Erkenntnisse:

- Energetische Ahnenheilung hilft, generationsübergreifende Traumata zu lösen.

- Systemische Aufstellungen bringen Klarheit über unbe-wusste Blockaden.

- Reiki und Quantenheilung unterstützen die Transfor-mation auf tiefster Ebene.

- Klangheilung und Kristalle sind wertvolle Helfer zur Harmonisierung der Ahnenenergie.

Indem du diese Methoden regelmäßig anwendest, wirst du spüren, wie sich dein Leben und dein Energiefluss nachhaltig verändern. Deine Ahnenlinie wird gereinigt, geheilt und ge-stärkt – und du kannst in voller Kraft und Freiheit deinen eigenen Weg gehen.

Kapitel 28: EFT (Emotional Freedom Techniques) zur Lösung alter Emotionen

28.1 Die Kraft von EFT in der Ahnenheilung

EFT (Emotional Freedom Techniques), auch als „Klopfaku-pressur" bekannt, ist eine wirkungsvolle Methode, um emo-tionale Blockaden zu lösen, die tief in unserer Ahnenlinie ver-ankert sein können. Durch das sanfte Beklopfen bestimmter Meridianpunkte werden alte Emotionen freigesetzt, sodass wir uns von übernommenen Ängsten, Traumas und negativen Glaubenssätzen befreien können.

Warum ist EFT besonders hilfreich für die Ahnenheilung?

- Es löst tiefsitzende emotionale Muster, die aus der Ahnenlinie stammen.

- Es hilft, alte Ängste, Schuldgefühle und emotionale Blockaden zu neutralisieren.

- Es bringt das Energiesystem wieder ins Gleichgewicht.

- Es unterstützt den Prozess der Vergebung und Los-lösung.

EFT verbindet Elemente der traditionellen chinesischen Me-dizin mit modernen psychologischen Techniken und ermög-licht eine sanfte, aber tiefgreifende Transformation.

28.2 Wie EFT funktioniert

EFT basiert auf der Theorie, dass emotionale Blockaden im Energiesystem des Körpers gespeichert sind. Durch das gezielte Klopfen auf bestimmte Meridianpunkte werden diese Blockaden aufgelöst und emotionale Belastungen neutralisiert.

Die Grundprinzipien von EFT:

1. **Fokussieren auf das Problem:** Identifiziere eine Emotion oder ein belastendes Muster, das du lösen möchtest.

2. **Formulieren eines Setupsatzes:** Erstelle eine affimierende Aussage, die dein Unterbewusstsein darauf vorbereitet, die Blockade zu lösen.

3. **Klopfen auf die Meridianpunkte:** Während du den Setupsatz wiederholst, klopfst du sanft auf bestimmte Akupressurpunkte.

4. **Testen der Emotion:** Beobachte, wie sich dein Gefühl nach mehreren Runden verändert.

28.3 EFT-Grundtechnik: Die Klopfpunkte

EFT arbeitet mit einer Reihe von Meridianpunkten, die leicht zu erreichen sind. Hier sind die Hauptklopfpunkte:

1. **Karatepunkt (Seitlich an der Handkante)** – Hilft, Widerstände gegen Veränderungen aufzulösen.

2. **Augenbrauenpunkt (Beginn der Augenbraue)** – Befreit von Stress und Angst.

3. **Seitlich am Auge** – Hilft, emotionale Belastungen zu lösen.

4. **Unter dem Auge** – Löst tief verankerte Ängste.

5. **Unter der Nase** – Klärt Selbstzweifel und unterdrückte Emotionen.

6. **Kinnpunkt** – Löst Schamgefühle und Unsicherheiten.

7. **Schlüsselbeinpunkt** – Befreit von Stress und Angst.

8. **Unter dem Arm** – Hilft, alte Traumata zu lösen.

9. **Kronenpunkt (Oberkopf)** – Verbindet mit höherer Bewusstheit und Selbstheilungskraft.

Übung:

- Klopfe mit zwei Fingern sanft auf jeden Punkt für etwa 5–7 Sekunden.

- Atme tief ein und aus, während du die Punkte beklopfst.

- Wiederhole den Prozess, bis du eine deutliche Erleichterung spürst.

28.4 EFT zur Auflösung von Ahnenlasten

Emotionale Muster und Blockaden werden oft von Generation zu Generation weitergegeben. EFT kann helfen, diese Muster bewusst zu erkennen und sanft aufzulösen.

EFT-Protokoll für Ahnenheilung:

1. **Identifiziere die Blockade:**

   o Gibt es Ängste oder Überzeugungen, die in deiner Familie weitergegeben wurden?

   o Fühlst du Schuld oder Verantwortung für die Erfahrungen deiner Ahnen?

2. **Formuliere den Setupsatz:**

   o „Auch wenn ich die Ängste meiner Ahnen in mir trage, liebe und akzeptiere ich mich voll und ganz."

   o „Auch wenn ich das Leid meiner Familie übernommen habe, entscheide ich mich jetzt, es loszulassen."

3. **Starte die Klopfrunde:**

   o Klopfe sanft auf die oben genannten Meridianpunkte und wiederhole deinen Setupsatz.

   o Achte darauf, wie sich deine Emotionen während des Klopfens verändern.

4. **Bewerte dein Gefühl:**

o Spüre nach jeder Runde in dich hinein und frage dich: Hat sich die Intensität der Emotion verändert?

o Wiederhole den Prozess, bis du eine spürbare Erleichterung fühlst.

28.5 EFT zur Vergebung und Heilung

Vergebung ist ein essenzieller Schritt in der Ahnenheilung. Viele emotionale Wunden sind das Resultat ungelöster Konflikte mit Familienmitgliedern oder Vorfahren.

EFT-Protokoll zur Vergebung:

1. **Identifiziere die Person oder das Ereignis, das du vergeben möchtest.**

2. **Formuliere einen Vergebungs-Setupsatz:**

o „Auch wenn ich (Name) noch nicht vergeben kann, liebe und akzeptiere ich mich voll und ganz."

o „Ich entscheide mich, Frieden mit der Vergangenheit zu schließen."

3. **Starte die Klopfrunde:**

   o Klopfe sanft auf die Meridianpunkte, während du die Vergebungsaffirmationen wiederholst.

4. **Atme tief ein und spüre die Erleichterung.**

Mit jeder Runde EFT kannst du dich von alten Verstrickungen lösen und emotionale Freiheit erlangen.

28.6 EFT zur Auflösung von übernommenen Glaubenssätzen

Viele unserer Überzeugungen über Erfolg, Geld, Beziehungen und Selbstwert stammen aus der Familie. EFT kann helfen, destruktive Glaubenssätze zu neutralisieren und durch positive Überzeugungen zu ersetzen.

EFT-Protokoll zur Umprogrammierung negativer Glaubenssätze:

1. **Erkenne den Glaubenssatz:**

   o „Ich bin es nicht wert, erfolgreich zu sein."

   o „Liebe ist mit Schmerz verbunden."

2. **Formuliere den Setupsatz:**

   o „Auch wenn ich glaube, dass ich nicht erfolgreich sein darf, liebe und akzeptiere ich mich
   voll und ganz."

3. **Starte das Klopfen:**

   o Wiederhole die affirmierenden Sätze, während
   du die Klopfpunkte berührst.

   o Formuliere abschließend eine neue Überzeugung: „Ich erlaube mir, Erfolg und Fülle anzunehmen."

28.7 EFT als kraftvolles Werkzeug zur Ahnenheilung

EFT ist eine einfache, aber tiefgreifende Technik, die uns hilft,
emotionale Blockaden zu lösen, Vergebung zu praktizieren
und generationsübergreifende Muster zu transformieren. Die
regelmäßige Anwendung von EFT kann nicht nur dein eigenes
Leben positiv beeinflussen, sondern auch dazu beitragen, die
energetischen Lasten deiner Ahnenlinie zu klären.

Wichtige Erkenntnisse:

- EFT hilft, emotionale Belastungen zu identifizieren
  und aufzulösen.

- Klopfen auf bestimmte Meridianpunkte bringt das Energiesystem ins Gleichgewicht.

- Es kann zur Vergebung, Transformation von Glaubenssätzen und Heilung von Ahnenlasten eingesetzt werden.

- Regelmäßige Anwendung kann langfristige emotionale Freiheit und innere Ruhe fördern.

Indem du EFT in deine Ahnenheilungspraxis integrierst, schaffst du eine tiefgehende Verbindung zu dir selbst und deiner Herkunft – frei von übernommenen Lasten und voller neuer Energie.

Kapitel 29: Quantenheilung für energetische Trans-formation

29.1 Die Grundlagen der Quantenheilung

Quantenheilung ist eine kraftvolle Technik zur energetischen Transformation, die auf den Prinzipien der Quantenphysik und des Bewusstseins basiert. Sie nutzt das Wissen, dass unser Körper und unser Geist nicht aus festen Materieeinheiten bestehen, sondern aus Schwingungen und Energie. Durch gezielte Bewusstseinslenkung und Intention können alte energetische Blockaden aufgelöst und in höhere Frequenzen transformiert werden.

Warum ist Quantenheilung so wirkungsvoll?

- Sie wirkt auf der tiefsten Ebene unseres Energiefeldes.

- Sie löst emotionale und mentale Blockaden sanft, aber nachhaltig.

- Sie hilft, generationsübergreifende Muster und Prägungen zu transformieren.

- Sie stärkt die Verbindung zu höheren Bewusstseinsebenen und innerer Weisheit.

- Sie unterstützt Selbstheilungskräfte und energetische Balance.

Während herkömmliche Heilmethoden oft an der Oberfläche ansetzen, geht Quantenheilung direkt zur Ursache einer Blockade und ermöglicht so tiefgreifende Veränderungen im gesamten Energiesystem.

29.2 Das Quantenfeld und seine Bedeutung für Heilung

Das Quantenfeld ist ein unsichtbares Energiefeld, das alles durchdringt. In diesem Feld existieren alle Möglichkeiten gleichzeitig, und durch unsere bewusste Absicht können wir die gewünschte Realität in unser Leben holen.

Wie beeinflusst das Quantenfeld unsere Realität?

- Gedanken und Emotionen senden Schwingungen aus, die sich im Quantenfeld manifestieren.

- Unsere Vergangenheit, Gegenwart und Zukunft sind nicht linear, sondern gleichzeitig im Feld vorhanden.

- Indem wir unsere Bewusstseinsfrequenz erhöhen, ziehen wir höhere energetische Möglichkeiten an.

- Transformation erfolgt nicht durch „Tun", sondern durch bewusstes „Sein" im gewünschten Zustand.

Durch Quantenheilung lernen wir, unser Energiesystem gezielt auf neue Schwingungen auszurichten und alte, blockierende Muster aus der Ahnenlinie zu entlassen.

29.3 Die Anwendung der Quantenheilung

Quantenheilung kann auf verschiedene Weise angewendet werden. Der Schlüssel liegt in der Absicht und im tiefen Vertrauen, dass das Energiefeld auf unsere bewusste Steuerung reagiert.

Grundtechnik der Quantenheilung:

1. **Setze eine klare Intention:** Was möchtest du heilen oder transformieren?

2. **Verbinde dich mit dem Quantenfeld:** Schließe die Augen und stelle dir vor, wie du von reinem Licht umgeben bist.

3. **Lasse los:** Gib alle Widerstände und Erwartungen ab.

4. **Empfange die Heilung:** Visualisiere, wie sich dein Energiesystem neu ausrichtet und alte Blockaden aufgelöst werden.

5. **Spüre die Veränderung:** Bleibe einige Minuten in diesem Zustand und nimm die neue Schwingung bewusst wahr.

Diese Technik kann täglich angewendet werden, um dein Energiefeld in eine höhere Frequenz zu bringen.

29.4 Quantenheilung zur Lösung von Ahnenlasten

Viele emotionale und energetische Belastungen stammen nicht aus unserem eigenen Leben, sondern aus unserer Ahnenlinie. Über Generationen hinweg werden nicht nur physische Merkmale, sondern auch emotionale Muster und ungelöste Traumata weitergegeben. Mit Quantenheilung können diese alten Energien bewusst transformiert werden.

Übung zur Ahnenheilung mit Quantenenergie:

1. **Rufe deine Ahnen in dein Bewusstseinsfeld:** Stelle dir vor, wie sie hinter dir stehen.

2. **Erzeuge ein kraftvolles Lichtfeld:** Visualisiere ein goldenes Licht, das sich durch deine gesamte Ahnenlinie bewegt.

3. **Setze eine klare Absicht:** „Ich entlasse alle übernommenen Lasten und entscheide mich für Frieden."

4. **Fühle die Befreiung:** Spüre, wie die Energien sich auflösen und durch Liebe ersetzt werden.

5. **Bedanke dich bei deinen Ahnen:** „Ich ehre euren Weg, aber ich gehe meinen eigenen."

Diese Übung kann tiefgreifende Veränderungen bewirken und deine energetische Verbindung zur Vergangenheit in Harmonie bringen.

29.5 Die Zwei-Punkt-Methode der Quantenheilung

Eine der bekanntesten Techniken der Quantenheilung ist die Zwei-Punkt-Methode. Diese Methode arbeitet mit zwei Punkten im Energiefeld, um Transformation herbeizuführen.

Anleitung zur Zwei-Punkt-Technik:

1. **Wähle das Thema deiner Heilung:** Was möchtest du transformieren?

2. **Setze einen Punkt auf deinen Körper:** Lege eine Hand auf eine Stelle, an der du die Blockade spürst.

3. **Finde einen zweiten Punkt:** Lege die andere Hand auf einen weiteren Bereich, der mit Leichtigkeit und Heilung verbunden ist.

4. **Lasse die Energie fließen:** Stelle dir vor, wie sich beide Punkte mit Licht verbinden und alte Muster auflösen.

5. **Spüre die Veränderung:** Bleibe in diesem Zustand, bis du eine deutliche Erleichterung spürst.

Die Zwei-Punkt-Methode ist besonders hilfreich, um unbewusste Blockaden in der Ahnenlinie zu lösen.

29.6 Quantenheilung und Affirmationen

Die Kombination von Quantenheilung mit Affirmationen verstärkt die Wirkung und hilft, neue energetische Muster zu verankern.

Kraftvolle Affirmationen für die Quantenheilung:

- „Ich lasse alle übernommenen Lasten los und erlaube mir, frei zu sein."

- „Ich bin von reiner Heilenergie umgeben."

- „Ich harmonisiere meine Ahnenlinie mit Liebe und Frieden."

- „Ich bin eins mit der universellen Lebensenergie."

Wiederhole diese Affirmationen während einer Quantenheilungsmeditation, um die Transformation zu verstärken.

29.7 Quantenheilung als Schlüssel zur energetischen Transformation

Quantenheilung ist eine revolutionäre Methode, um alte Blockaden aufzulösen und sich mit einer höheren Schwingung zu verbinden. Sie bietet einen sanften, aber tiefgreifenden Ansatz zur Heilung der Ahnenlinie und zur Befreiung von *GENErationsübergreifenden Belastungen. (*energetisch)

Wichtige Erkenntnisse:

- Quantenheilung nutzt das Quantenfeld zur bewussten Transformation.

- Unsere Gedanken und Intentionen beeinflussen unsere energetische Realität.

- Die Zwei-Punkt-Methode ist eine wirkungsvolle Technik zur Blockadenlösung.

- Ahnenlasten können durch bewusste Energiearbeit harmonisiert werden.

- Affirmationen verstärken die Wirkung und helfen, neue Muster zu verankern.

Indem du Quantenheilung in dein Leben integrierst, kannst du nicht nur deine eigene Energie transformieren, sondern auch positive Veränderungen für kommende Generationen bewirken. Dein Bewusstsein ist der Schlüssel – nutze es, um Heilung, Liebe und Frieden in deine Ahnenlinie zu bringen.

Kapitel 30: Familienaufstellungen in Gedankenarbeit

30.1 Die Kraft der Familienaufstellung in der Ahnenheilung

Familienaufstellungen sind eine kraftvolle Methode, um generationsübergreifende Muster, ungelöste Konflikte und blockierende Glaubenssätze in unserem Familiensystem aufzudecken und zu transformieren. Während klassische Familienaufstellungen meist in therapeutischen Gruppensettings durchgeführt werden, gibt es auch eine effektive Möglichkeit, diese Arbeit in der eigenen Gedankenwelt durchzuführen.

Durch gezielte Visualisierung und innere Arbeit können wir eine tiefgehende Verbindung zu unseren Ahnen herstellen und alte emotionale Verstrickungen lösen. Diese mentale Familienaufstellung ermöglicht es uns, alte energetische Lasten abzulegen und Frieden in unser Familiensystem zu bringen.

Warum sind Familienaufstellungen so wirkungsvoll?

- Sie decken unbewusste Dynamiken innerhalb der Familie auf.

- Sie helfen, emotionale Blockaden zu lösen und eine neue Ordnung herzustellen.

- Sie fördern das Verständnis für unsere Ahnen und ihre Lebensgeschichten.

- Sie schaffen Raum für Heilung und energetische Transformation.

- Sie bringen Harmonie und Balance in unser eigenes Leben.

30.2 Wie Gedankenarbeit bei Familienaufstellungen funktioniert

Unsere Vorstellungskraft hat eine enorme Kraft, um emotionale und energetische Muster zu beeinflussen. Die Methode der gedanklichen Familienaufstellung nutzt diese Fähigkeit, um bewusst mit unserem Familiensystem zu arbeiten, auch ohne eine physische Gruppe oder externe Leitung.

Grundprinzipien der inneren Familienaufstellung:

1. **Absicht setzen:** Kläre, welches Problem oder welche Blockade du lösen möchtest.

2. **Die Familienmitglieder in Gedanken aufstellen:** Visualisiere die beteiligten Personen in einem mentalen Raum.

3. **Emotionen und Energie wahrnehmen:** Achte auf Gefühle und Spannungen zwischen den aufgestellten Personen.

4. **Die Ordnung wiederherstellen:** Verändere bewusst die Positionen oder Energien, um Frieden in die Ahnenlinie zu bringen.

5. **Abschluss mit Dankbarkeit:** Bedanke dich bei dienen Ahnen und löse dich energetisch aus dem Prozess.

Diese Methode kann jederzeit angewendet werden, um innere Klarheit zu gewinnen und emotionale Heilung zu fördern.

30.3 Die praktische Durchführung einer mentalen Familienaufstellung

Hier ist eine geführte Übung, um eine Familienaufstellung in Gedankenarbeit durchzuführen:

Schritt 1: Vorbereitung

- Finde einen ruhigen Ort, an dem du ungestört bist.

- Setze dich bequem hin, schließe die Augen und atme einige Male tief ein und aus.

- Stelle dir vor, dass du in einem offenen Raum stehst – dies kann ein lichtdurchfluteter Saal oder eine Naturlandschaft sein.

Schritt 2: Die Ahnen aufstellen

- Visualisiere nacheinander deine Eltern, Großeltern oder andere wichtige Ahnen vor dir.

- Achte darauf, wie sie sich zueinander verhalten und wo sie sich positionieren.

- Spüre, ob du energetische Spannungen oder ungelöste Konflikte wahrnimmst.

Schritt 3: Die verborgenen Dynamiken erkennen

- Frage innerlich: „Was ist noch ungelöst in meinem Familiensystem?"

- Beobachte, welche Emotionen auftauchen.

- Falls du Widerstände oder Blockaden spürst, nehme sie wahr, ohne sie zu bewerten.

Schritt 4: Heilung und Neuordnung

- Stelle dir vor, wie du Licht und Liebe in das gesamte Familiensystem sendest.

- Falls bestimmte Personen an ihrem Platz „feststeck-en", visualisiere, wie sie sanft in eine harmonische Ordnung geführt werden.

- Sprich innerlich Sätze der Heilung, z. B.: „Ich lasse alte Verstrickungen los und entscheide mich für Frieden."

Schritt 5: Abschluss und Dankbarkeit

- Bedanke dich bei deinen Ahnen für ihre Erfahrungen und ihre Weisheit.

- Stelle dir vor, wie sie sich liebevoll zurückziehen und du frei von alten Lasten bist.

- Atme tief ein und öffne langsam die Augen.

30.4 Typische Blockaden und wie sie in der Aufstellung gelöst werden können

Viele Menschen erleben immer wiederkehrende Probleme, die ihren Ursprung in der Ahnenlinie haben. Hier sind einige häufige Muster und wie du sie durch mentale Familienaufstellungen transformieren kannst:

1. **Übernommene Schuld:**

   o Lösung: Visualisiere, wie du die Last symbolisch zurückgibst und innerlich sagst: „Diese Schuld gehört nicht mir. Ich wähle meinen eigenen Weg."

2. **Unbewusste Loyalität zu den Ahnen:**

   o Lösung: Sprich innerlich: „Ich ehre euren Weg, aber ich lebe mein eigenes Leben."

3. **Nicht angenommene Eltern oder Großeltern:**

   o Lösung: Stelle dir vor, wie du dich ihnen innerlich zuwendest und sagst: „Ich erkenne euch als Teil meiner Geschichte an."

4. **Geld- und Erfolgsblockaden aus der Ahnenlinie:**

   o Lösung: Löse alte Glaubenssätze auf, indem du sie bewusst umformst: „Ich erlaube mir, Fülle und Erfolg anzunehmen."

Diese bewusste Arbeit kann tiefgreifende Veränderungen in deinem Leben bewirken und dich von übernommenen Lasten befreien.

30.5 Die langfristige Wirkung von inneren Familienaufstellungen

Die regelmäßige Anwendung der mentalen Familienaufstellung kann langfristige positive Veränderungen bewirken:

- **Innere Klarheit:** Du erkennst und löst alte Muster bewusst auf.

- **Verbesserte Familienbeziehungen:** Durch die energetische Heilung werden oft auch reale Beziehungen harmonischer.

- **Emotionale Freiheit:** Du befreist dich von übernommenen Lasten und kannst dein Leben bewusst gestalten.

- **Stärkere Verbindung zu den Ahnen:** Du entwickelst ein tieferes Verständnis und eine liebevolle Beziehung zu deiner Herkunft.

Indem du diese Methode regelmäßig praktizierst, kannst du nach und nach tiefe Heilung in dein Familiensystem bringen und dein eigenes Leben in größerer Freiheit und Leichtigkeit gestalten.

30.6 Familienaufstellungen als Schlüssel zur Transformation

Die mentale Familienaufstellung ist eine kraftvolle Technik, um die energetischen Dynamiken in deinem Familiensystem zu erkennen und zu heilen. Durch bewusste Gedankenarbeit kannst du alte Blockaden lösen, Ahnenlasten loslassen und eine neue, liebevolle Ordnung in deiner Ahnenlinie erschaffen.

Wichtige Erkenntnisse:

- Familienaufstellungen helfen, verborgene Muster und Konflikte sichtbar zu machen.

- Durch Visualisierung kannst du gezielt alte Energien transformieren.

- Es ist möglich, Heilung und Frieden in deine Ahnenlinie zu bringen, ohne eine physische Aufstellung.

- Regelmäßige Anwendung führt zu tiefgehender emotionaler Befreiung.

Diese Methode ist ein wertvolles Werkzeug, um alte Familienmuster zu durchbrechen und deine eigene Energie in Einklang mit einer positiven, neuen Zukunft zu bringen.

Kapitel 31: Neugestalten – Deine neue Energie aktivieren

31.1 Die bewusste Entscheidung für eine neue Energie

Nachdem wir in den vorherigen Kapiteln alte Blockaden erkannt und aufgelöst haben, ist es nun an der Zeit, unsere neue, freie Energie bewusst zu aktivieren und unser Leben mit neuer Klarheit und Schöpferkraft zu gestalten. Heilung bedeutet nicht nur das Loslassen des Alten, sondern auch das bewusste Erschaffen eines neuen energetischen Feldes, das unsere tiefste Wahrheit und unser höchstes Potenzial widerspiegelt.

Warum ist die bewusste Neugestaltung so wichtig?

- Sie hilft, alte Muster nicht wieder in das eigene Leben einzuladen.

- Sie unterstützt dich dabei, eine klare Vision für dein Leben zu entwickeln.

- Sie verankert deine neuen energetischen Ausrichtungen dauerhaft in deinem Unterbewusstsein.

- Sie fördert ein Gefühl der Selbstbestimmung und inneren Freiheit.

Um eine nachhaltige Veränderung zu bewirken, müssen wir bewusst neue Wege gehen und uns für positive Energien öffnen.

31.2 Deine neue Identität als freies und kraftvolles Wesen

Oft identifizieren wir uns unbewusst mit alten energetischen Lasten aus der Ahnenlinie. Das Loslassen dieser Muster ermöglicht es uns, eine neue Identität zu erschaffen – eine Identität, die auf Selbstbestimmung, Freude und authentischem Ausdruck basiert.

Übung: Deine neue Identität definieren

1. Schließe die Augen und atme tief ein und aus.

2. Visualisiere dein ideales Selbst in seiner höchsten Energie.

3. Frage dich: Welche Werte und Qualitäten hat dieses Selbst? Welche Emotionen trägt es? Wie bewegt es sich durch das Leben?

4. Notiere deine Erkenntnisse und formuliere eine Affirmation, die deine neue Identität beschreibt:

    o „Ich bin ein kraftvolles, freies Wesen, das mit Freude und Leichtigkeit durchs Leben geht."

o   „Ich bin Schöpfer meines Lebens und erlaube mir, mein höchstes Potenzial zu leben."

Diese Affirmationen können täglich wiederholt werden, um dein Energiesystem auf deine neue Identität auszurichten.

31.3 Rituale zur Verankerung deiner neuen Energie

Rituale sind kraftvolle Werkzeuge, um deine neuen energetischen Ausrichtungen zu stabilisieren. Sie helfen dabei, diene innere Transformation im physischen Raum zu manifestieren.

Morgendliches Aktivierungsritual

1. Setze dich in eine ruhige Position und zünde eine Kerze an.

2. Lege eine Hand auf dein Herz und eine Hand auf deinen Bauch.

3. Atme tief ein und visualisiere, wie goldenes Licht deinen Körper durchströmt.

4. Sprich laut deine Affirmation für den Tag:

   o   „Heute erschaffe ich meine Realität voller Liebe, Kraft und Klarheit."

5. Spüre, wie sich dein Körper und Geist mit dieser neuen Energie verbinden.

Dieses Ritual kann helfen, den Tag bewusst in einer hohen Frequenz zu beginnen.

Loslass-Ritual bei Rückfällen in alte Muster

Es ist normal, dass alte Muster gelegentlich zurückkehren. Wichtig ist, wie wir damit umgehen.

1. Erkenne das alte Muster, ohne dich zu verurteilen.

2. Atme tief ein und aus und sage bewusst:

   o „Ich lasse dieses alte Muster los. Es hat mir gedient, doch jetzt entscheide ich mich für eine neue Realität."

3. Visualisiere, wie das Muster als dunkle Energie deinen Körper verlässt und in Licht transformiert wird.

4. Setze eine klare neue Intention für dein Handeln.

Dieses Ritual stärkt dein Bewusstsein und hilft dir, neue Wege zu etablieren.

31.4 Die Rolle von Freude und Leichtigkeit in deiner neuen Energie

Viele Menschen glauben, dass Heilung ein schwerer, langwieriger Prozess ist. Doch wahre Transformation geschieht in Leichtigkeit. Freude ist eine der höchsten Schwingungen, die uns helfen, unser Energiesystem neu auszurichten.

Wie du Freude und Leichtigkeit in deinen Alltag integrieren kannst:

- **Musik und Tanz:** Erschaffe dir Momente, in denen du frei tanzt und deinen Körper in Bewegung bringst.

- **Lachen:** Nimm dir Zeit für Dinge, die dich zum Lachen bringen – Filme, Gespräche mit Freunden oder spielerische Aktivitäten.

- **Kreativität:** Male, schreibe oder gestalte – kreative Ausdrucksformen helfen, deine Energie spielerisch zu verändern.

- **Zeit in der Natur:** Die Natur trägt eine heilende Frequenz. Verbringe Zeit im Wald oder an einem Fluss, um deine neue Energie zu stabilisieren.

Erlaube dir, Freude als täglichen Bestandteil deiner spirituellen Praxis zu integrieren.

31.5 Deine Vision für die Zukunft erschaffen

Nachdem du alte Energien transformiert hast, ist es an der Zeit, eine neue Vision für dein Leben zu erschaffen. Eine klare Vision dient als energetischer Kompass, der dich in deiner neuen Realität leitet.

Übung: Dein Leben in neuer Energie visualisieren

1. Setze dich an einen ruhigen Ort und schließe die Augen.

2. Atme tief ein und stelle dir vor, wie dein ideales Leben aussieht.

3. Welche Menschen sind in diesem Leben? Welche Gefühle empfindest du? Welche Umgebung umgibt dich?

4. Notiere deine Vision in deinem Tagebuch oder erstelle ein Vision-Board mit Bildern, die deine neue Realität widerspiegeln.

5. Lies deine Vision täglich durch und verbinde dich bewusst mit der neuen Energie.

Durch diese Übung verstärkst du die Manifestationskraft diener Gedanken und beginnst, bewusst dein neues Leben zu erschaffen.

31.6 Dein neues Leben bewusst gestalten

Du hast nun alle Werkzeuge in der Hand, um dein Leben in einer neuen, kraftvollen Energie zu gestalten. Die bewusste Entscheidung, alte Muster loszulassen, dich neu auszurichten und Freude in dein Leben zu integrieren, wird deine Transformation nachhaltig unterstützen.

Wichtige Erkenntnisse:

- Transformation geschieht durch bewusste Neugestaltung deiner Energie.

- Deine Identität ist nicht festgelegt – du kannst sie aktiv neu erschaffen.

- Rituale helfen dir, deine neue Schwingung zu stabilisieren.

- Freude und Leichtigkeit sind essenzielle Bestandteile deiner neuen Realität.

- Eine klare Vision gibt dir Orientierung und hilft dir, dein Leben bewusst zu manifestieren.

Erinnere dich: Deine Ahnen haben ihren Teil der Geschichte geschrieben, doch du bist der Schöpfer deiner eigenen Realität. Nutze die Weisheit der Vergangenheit, um in voller Kraft und Freiheit deine Zukunft zu gestalten.

Kapitel 32: Der Ahnensegen – Positive Kraft aus deiner Ahnenlinie ziehen

32.1 Die verborgene Kraft deiner Ahnen

Während wir oft über die Lasten und Herausforderungen sprechen, die aus unserer Ahnenlinie stammen, wird die positive Kraft, die unsere Ahnen uns mitgegeben haben, häufig übersehen. In jeder Familie gibt es nicht nur Schmerz und Trauma, sondern auch Stärke, Weisheit und wertvolle Gaben, die von Generation zu Generation weitergegeben wurden. Diese Energie kann bewusst aktiviert werden, um uns im Leben zu unterstützen und unser volles Potenzial zu entfalten.

Warum ist der Ahnensegen so wichtig?

- Er stärkt deine Wurzeln und dein Zugehörigkeitsgefühl.

- Er gibt dir Kraft und innere Stabilität.

- Er verbindet dich mit der Weisheit deiner Ahnen.

- Er hilft dir, deine Talente und Gaben anzuerkennen und zu nutzen.

- Er gibt dir eine tiefe, spirituelle Unterstützung in schwierigen Zeiten.

32.2 Die positiven Gaben deiner Ahnen erkennen

Jeder Mensch trägt energetisch das Erbe seiner Ahnen in sich. Während manche Muster uns blockieren können, gibt es auch viele positive Eigenschaften, die von Generation zu Generation weitergegeben wurden.

Übung: Deine positiven Ahnenmuster entdecken

1. Nimm dir ein Blatt Papier und erstelle zwei Spalten.

2. In die erste Spalte schreibe alle positiven Eigenschaften und Talente auf, die in deiner Familie vorkommen:

   o Gab es in deiner Familie Heiler, Künstler oder Weise?

   o Welche Charaktereigenschaften haben deine Großeltern oder Eltern, die du bewunderst?

   o Gibt es besondere Fähigkeiten, die sich über Generationen hinweg in deiner Familie zeigen?

3. In der zweiten Spalte notiere, welche dieser Eigenschaften du in dir wiedererkennst.

4. Visualisiere, wie diese positiven Energien in dir lebendig werden und dich unterstützen.

Diese Übung hilft dir, das Erbe deiner Ahnen in einem neuen Licht zu sehen und dich bewusst mit ihren positiven Aspekten zu verbinden.

32.3 Der Ahnensegen als spirituelle Praxis

Ein Ahnensegen ist eine bewusste Verbindung mit den positiven Energien deiner Ahnen. Er kann als tägliche Praxis oder als spezielles Ritual genutzt werden, um Unterstützung und Inspiration aus deiner Ahnenlinie zu empfangen.

Ritual für den Ahnensegen

1. Finde einen ruhigen Ort, an dem du dich mit deinen Ahnen verbinden kannst.

2. Zünde eine Kerze an und stelle ein Foto oder Symbol deiner Ahnen auf.

3. Schließe die Augen und atme tief ein und aus.

4. Sprich eine Dankbarkeitsformel laut oder in Gedanken:

   o „Ich danke meinen Ahnen für ihre Weisheit, ihre Kraft und ihren Segen. Ich empfange ihre Unterstützung mit Liebe und Respekt."

5. Visualisiere, wie sich ein goldenes Licht aus deiner Ahnenlinie auf dich überträgt und dich mit Kraft und Schutz erfüllt.

6. Bleibe für einige Minuten in dieser Energie und spüre die Verbindung.

Dieses Ritual kann täglich oder zu besonderen Anlässen durchgeführt werden, um die Kraft deiner Ahnen in dein Leben einzuladen.

32.4 Die Verbindung zu den Ahnen stärken

Viele Menschen fühlen sich von ihrer Ahnenlinie getrennt oder wissen nicht, wie sie eine bewusste Verbindung aufbauen können. Doch unsere Ahnen sind immer bei uns, auch wenn wir sie nicht physisch sehen können. Es gibt verschiedene Wege, um diese Verbindung zu stärken:

1. Meditation zur Ahnenverbindung

- Setze dich an einen ruhigen Ort und stelle dir vor, dass du an einem großen Baum stehst.

- Die Wurzeln dieses Baumes repräsentieren deine Ahnenlinie, die dich mit ihrer Kraft nährt.

- Visualisiere, wie du dich energetisch mit diesen Wurzeln verbindest und die Weisheit deiner Ahnen empfängst.

2. Ahnenaltar errichten

- Ein Ahnenaltar ist ein kraftvoller Weg, um deine Ahnen zu ehren und ihre Energie bewusst in dein Leben einzuladen.

- Platziere Bilder, Kerzen und symbolische Gegenstände, die dich mit deiner Herkunft verbinden.

- Nutze diesen Altar regelmäßig, um dich mit der Kraft deiner Ahnen zu verbinden.

3. Ahnenfeste und Gedenktage nutzen

- Bestimmte Tage im Jahr, wie Samhain oder Allerheiligen, sind besonders kraftvoll, um mit den Ahnen in Kontakt zu treten.

- Nutze diese Tage für Rituale, Gebete oder Meditationen zur Ahnenverbindung.

32.5 Die Ahnen um Führung und Schutz bitten

Unsere Ahnen können uns nicht nur mit ihrer Energie stärken, sondern uns auch aktiv führen und schützen. Du kannst sie jederzeit um Rat bitten und ihre Unterstützung in dein Leben einladen.

Geführte Ahnenbotschaft empfangen

1. Setze dich in eine meditative Haltung und atme tief ein und aus.

2. Richte deine innere Frage an deine Ahnen, z. B.: „Welche Botschaft habt ihr für mich?"

3. Bleibe in der Stille und achte auf Bilder, Gedanken oder Gefühle, die aufkommen.

4. Notiere deine Eingebungen in einem Ahnen-Tage-buch.

Diese Übung hilft dir, eine tiefere Kommunikation mit deinen Ahnen zu entwickeln und ihre Weisheit in deinen Alltag zu integrieren.

32.6 Dein Ahnensegen als Quelle der Kraft

Die Energie deiner Ahnen ist eine Quelle unermesslicher Kraft und Weisheit. Indem du dich bewusst mit ihrem positiven Erbe verbindest, kannst du dein eigenes Leben bereichern und dich tief in deiner Herkunft verwurzelt fühlen.

Wichtige Erkenntnisse:

- Der Ahnensegen ist eine kraftvolle Unterstützung für dein Leben.

- Jede Familie trägt positive Gaben und Weisheiten in sich, die bewusst aktiviert werden können.

- Rituale und Meditationen helfen dir, diese Energie in dein Leben zu integrieren.

- Die Ahnen können als spirituelle Führer dienen und dir Schutz sowie Inspiration schenken.

Indem du die positive Kraft deiner Ahnenlinie in dein Leben einlädst, kannst du dich selbst neu ausrichten, alte Begrenzungen überwinden und mit neuer Stärke deinen eigenen Weg gehen.

Kapitel 33: Die positiven Gaben deiner Ahnen erkennen

33.1 Die verborgene Schatztruhe deiner Ahnen

Jede Familie trägt ein energetisches Erbe in sich, das über Generationen weitergegeben wird. Während oft über die Lasten gesprochen wird, die aus der Ahnenlinie stammen, gibt es ebenso wertvolle Gaben, die bewusst erkannt und aktiviert werden können. Diese positiven Aspekte manifestieren sich in Form von Talenten, Stärken, Weisheit oder spirituellen Fähigkeiten, die von unseren Ahnen an uns weitergereicht wurden.

Warum ist es wichtig, die positiven Gaben der Ahnen zu erkennen?

- Sie ermöglichen dir, dich mit der Kraft und Weisheit deiner Ahnen zu verbinden.

- Sie helfen dir, dein volles Potenzial zu entfalten.

- Sie stärken dein Selbstbewusstsein und deine innere Stabilität.

- Sie fördern deine persönliche und spirituelle Entwicklung.

- Sie unterstützen dich dabei, deine Bestimmung klarer zu erkennen und zu leben.

33.2 Welche positiven Gaben können aus der Ahnenlinie stammen?

Jede Ahnenlinie hat ihre einzigartigen Stärken und Qualitäten, die sich in unterschiedlichen Formen äußern können. Hier sind einige Beispiele für positive Gaben, die du möglicherweise in dir trägst:

- **Kreativität und künstlerische Begabung** (z. B. Musikalität, Malerei, Handwerkskunst)

- **Heilfähigkeiten und spirituelles Wissen** (z. B. energetische Heilung, Pflanzenkunde, Schamanismus)

- **Führungskompetenz und Durchsetzungsvermögen** (z. B. Weisheit und strategisches Denken)

- **Resilienz und Überlebensfähigkeit** (z. B. innere Stärke, Durchhaltevermögen)

- **Intuition und Hellsinne** (z. B. Medialität, feinstofflich(t)e Wahrnehmung)

- **Empathie und Mitgefühl** (z. B. soziale Kompetenz, harmonisierende Energie)

- **Handwerkliche oder technische Fähigkeiten** (z. B. Erfindergeist, Geschicklichkeit)

Jede dieser Gaben kann eine wertvolle Ressource für dein Leben sein. Sie schlummern möglicherweise unbewusst in dir und warten darauf, erkannt und genutzt zu werden.

33.3 Die Verbindung zu den positiven Ahnenkräften stärken

Um die positiven Gaben deiner Ahnen bewusst zu aktivieren, kannst du verschiedene Methoden nutzen, die eine tiefere Verbindung zu deiner Ahnenlinie herstellen.

1. Ahnenmeditation zur Entdeckung deiner Gaben

1. Finde einen ruhigen Ort, an dem du ungestört bist.

2. Setze dich bequem hin, schließe die Augen und atme tief ein und aus.

3. Visualisiere deine Ahnen, die sich hinter dir aufreihen und dir wohlwollend zulächeln.

4. Stelle dir vor, dass sie dir ein Geschenk überreichen – es kann ein Symbol für eine verborgene Gabe sein.

5. Nimm dieses Geschenk bewusst an und frage innerlich: „Welche Gabe trage ich in mir, die aus meiner Ahnenlinie stammt?"

6. Nimm die Antwort wahr – sie kann sich als Bild, Gefühl oder Gedanke zeigen.

7. Bedanke dich bei deinen Ahnen und spüre, wie ihre Energie dich stärkt.

2. Ahnenforschung und Familiengeschichten erkunden

- Sprich mit älteren Familienmitgliedern über deine Vorfahren.

- Notiere besondere Talente und Fähigkeiten, die in deiner Familie gehäuft vorkommen.

- Erstelle eine Liste mit Stärken, die du möglicherweise von deinen Ahnen übernommen hast.

- Erforsche deine Ahnenlinie auf spiritueller oder historischer Ebene.

3. Tagebuchübung: Erkenne deine verborgenen Gaben

1. Notiere drei Fähigkeiten oder Stärken, die du in deinem Leben oft gezeigt hast.

2. Frage dich, ob du diese Talente von einem Elternteil, Großeltern oder weiter entfernten Ahnen geerbt haben könntest.

3. Notiere, in welchen Situationen dir diese Gabe geholfen hat.

4. Überlege, wie du diese Gabe bewusster in dein Leben integrieren kannst.

Diese Übungen helfen dir, eine tiefere Verbindung zu deinen Ahnen aufzubauen und ihre positiven Kräfte aktiv in dein Leben einzuladen.

33.4 Die Aktivierung deiner Ahnenkraft

Nachdem du deine positiven Gaben erkannt hast, ist es wichtig, sie bewusst in dein Leben zu integrieren. Hier sind einige Möglichkeiten, deine Ahnenkraft zu aktivieren:

- **Schreibe eine Dankesbotschaft an deine Ahnen** und erkenne ihre positiven Gaben an.

- **Erstelle ein Symbol für deine Ahnenkraft** (z. B. ein Amulett oder ein Bild, das dich an ihre Stärke erinnert).

- **Setze deine Gabe aktiv ein** – wenn du z. B. künstlerisch begabt bist, integriere kreative Aktivitäten in deinen Alltag.

- **Nutze Affirmationen, um deine Ahnenkraft zu stärken:**

    o „Ich ehre meine Ahnen und aktiviere ihre positiven Gaben in mir."

    o „Ich bin Teil einer kraftvollen Ahnenlinie und nutze meine Stärken bewusst."

    o „Die Weisheit meiner Ahnen lebt in mir und führt mich auf meinem Weg."

33.5 Der Einfluss deiner Ahnen auf dein Seelenwachstum

Die positiven Gaben deiner Ahnen sind nicht nur ein Geschenk, sondern auch eine Aufgabe. Sie können dir helfen, deine Lebensaufgabe zu erfüllen und deine Seelenentwicklung voranzutreiben. Wenn du dich bewusst mit diesen Energien verbindest, kannst du:

- Deine eigenen Potenziale voll ausschöpfen.

- Herausforderungen mit mehr Kraft und Klarheit meistern.

- Spirituell wachsen und eine tiefere Verbindung zu deiner Herkunft aufbauen.

- Eine neue Energie in deine Ahnenlinie bringen und somit auch zukünftige Generationen positiv beeinflussen.

Das bewusste Arbeiten mit den positiven Gaben deiner Ahnen hilft dir, dich tiefer mit deiner eigenen Essenz zu verbinden und dein Leben mit neuer Stärke und Freude zu gestalten.

33.6 Deine Ahnen als Quelle der Kraft

Indem du die positiven Gaben deiner Ahnen erkennst und aktivierst, öffnest du dich für eine tiefe Quelle der Kraft und Inspiration. Deine Ahnen haben dir nicht nur genetische

Merkmale hinterlassen, sondern auch Stärken, Weisheiten und Talente, die dein Leben bereichern können.

Wichtige Erkenntnisse:

- Jede Ahnenlinie trägt einzigartige positive Gaben und Talente.

- Durch Meditation, Reflexion und Ahnenforschung kannst du deine Ahnenkräfte bewusst entdecken.

- Das bewusste Aktivieren dieser Gaben hilft dir, dein volles Potenzial zu entfalten.

- Deine Ahnen können dich energetisch unterstützen, wenn du sie um Führung und Kraft bittest.

- Indem du ihre positiven Energien in dein Leben integrierst, erschaffst du eine neue Realität voller Stärke und Selbstbestimmung.

Nutze diese kraftvolle Verbindung und erkenne die wertvollen Gaben, die deine Ahnen dir mitgegeben haben – sie sind ein Teil von dir und stehen dir jederzeit zur Verfügung.

Kapitel 34: Kraftvolle Ahnenverbindungen aktivieren

34.1 Die Bedeutung einer bewussten Ahnenverbindung

Unsere Ahnenlinie ist eine Quelle unermesslicher Energie und Weisheit. Viele spirituelle Traditionen auf der ganzen Welt betrachten die Verbindung zu den Ahnen als essenziellen Bestandteil der persönlichen und kollektiven Heilung. Eine bewusste Ahnenverbindung kann uns nicht nur Kraft und Schutz schenken, sondern uns auch dabei helfen, tief verwurzelte Potenziale zu aktivieren und uns mit unserem wahren Wesen zu verbinden.

Warum ist es wichtig, deine Ahnenverbindung zu aktivieren?

- Sie gibt dir ein tiefes Gefühl von Zugehörigkeit und Identität.

- Sie stärkt deine Wurzeln und innere Stabilität.

- Sie ermöglicht dir, aus der Weisheit und den Erfahrungen deiner Ahnen zu schöpfen.

- Sie hilft dir, unbewusste Blockaden zu lösen und dein Potenzial zu entfalten.

- Sie schenkt dir Schutz und spirituelle Führung auf deinem Lebensweg.

Indem wir uns bewusst mit unseren Ahnen verbinden, können wir uns selbst tiefer verstehen und ein erfüllteres Leben erschaffen.

34.2 Wege zur Aktivierung der Ahnenverbindung

Die bewusste Arbeit mit der Ahnenenergie kann auf verschiedene Arten erfolgen. Es gibt keine „richtige" oder „falsche" Methode – wichtig ist, dass du eine Praxis findest, die sich für dich stimmig anfühlt.

1. Ahnenmeditation zur Aktivierung der Verbindung

Eine der wirkungsvollsten Methoden, um eine tiefe Verbindung zu deinen Ahnen herzustellen, ist die Meditation. Durch bewusstes Atmen und innere Visualisierung kannst du den Kontakt zu ihnen intensivieren.

Geführte Ahnenmeditation:

1. Finde einen ruhigen Ort, an dem du ungestört bist.

2. Setze dich bequem hin, schließe die Augen und atme tief ein und aus.

3. Visualisiere einen Kreis aus Licht um dich herum, der dich schützt und stärkt.

4. Stelle dir vor, wie hinter dir deine Ahnen in mehreren Reihen stehen – sie blicken dich voller Liebe und Anerkennung an.

5. Frage sie in Gedanken: „Welche Botschaft habt ihr für mich?"

6. Sei offen für Bilder, Gefühle oder Worte, die als Antwort in dein Bewusstsein kommen.

7. Bedanke dich innerlich bei deinen Ahnen für ihre Führung und Unterstützung.

8. Atme tief ein, öffne die Augen und notiere deine Eindrücke in einem Ahnen-Tagebuch.

Diese Übung kann regelmäßig praktiziert werden, um die Verbindung zu deinen Ahnen zu stärken und ihre Unterstützung im Alltag zu nutzen.

34.3. Einen Ahnenaltar errichten

Ein Ahnenaltar ist ein physischer Ort, an dem du deine Ahnen ehren und dich mit ihrer Energie verbinden kannst. Dieser kann einfach oder aufwendig gestaltet sein – wichtig ist, dass er eine Bedeutung für dich hat.

Elemente für deinen Ahnenaltar:

- Fotos deiner Vorfahren

- Kerzen (besonders weiße oder goldene Kerzen für Licht und Segen)

- Räucherwerk wie Weihrauch, Myrrhe oder Palo Santo

- Kristalle, die Ahnenverbindungen stärken (z. B. Amethyst, schwarzer Turmalin, Selenit)

- Persönliche Gegenstände, die dich an deine Ahnen erinnern

- Ein kleines Gefäß mit Wasser als Symbol für Reinigung und spirituelle Verbindung

Setze dich regelmäßig an deinen Altar, sprich mit deinen Ahnen oder zünde eine Kerze in ihrem Gedenken an. Dies stärkt deine Verbindung und ruft ihren Segen in dein Leben.

34.4. Traumverbindung mit den Ahnen

Unsere Ahnen kommunizieren oft durch Träume mit uns. Diese Botschaften können direkt oder symbolisch sein und uns wertvolle Hinweise für unser Leben geben.

Übung für Ahnenbotschaften im Traum:

1. Schreibe vor dem Schlafengehen deine Intention in ein Tagebuch: „Liebste Ahnen, ich bitte euch um eine Botschaft in meinen Träumen."

2. Platziere einen Kristall (z. B. Amethyst) unter dein Kopf-
   kissen, um die Verbindung zu verstärken.

3. Nach dem Aufwachen notiere sofort deine Träume –
   auch scheinbar unwichtige Details können später Bedeutung haben.

4. Achte auf wiederkehrende Symbole oder Themen in
   deinen Träumen – sie könnten Hinweise deiner Ahnen
   sein.

Diese Methode kann dir helfen, deine Ahnenenergie in deinen
Alltag zu integrieren und ihre Weisheit bewusst wahrzunehmen.

34.5. Rituale zur Aktivierung der Ahnenkraft

Rituale sind kraftvolle Wege, um die Ahnenverbindung zu
stärken und ihre Energie in dein Leben einzuladen. Hier sind
einige einfache, aber wirkungsvolle Rituale:

Ahnensegen-Ritual:

1. Zünde eine weiße Kerze an und stelle sie vor dich.

2. Lege die Hände auf dein Herz und sage laut:

   o „Ich ehre meine Ahnen und empfange ihre Kraft
   und ihren Segen."

3. Visualisiere, wie goldenes Licht aus deiner Ahnenlinie in dein Herz fließt.

4. Atme diese Energie bewusst ein und spüre, wie sie dich stärkt.

5. Beende das Ritual mit den Worten: „Ich danke meinen Ahnen und trage ihr Licht in mir."

Dankbarkeitsritual für die Ahnen:

- Schreibe einen Brief an deine Ahnen, in dem du ihnen für ihre Erfahrungen, ihre Weisheit und ihre Kraft dankst.

- Lies den Brief laut vor und verbrenne ihn anschließend als symbolische Handlung der Dankbarkeit.

- Spüre, wie sich die Verbindung zu deinen Ahnen ver-tieft und ihre Energie dich auf deinem Weg begleitet.

34.6 Die Kraft der Ahnenverbindung in deinem Leben nutzen

Die bewusste Aktivierung deiner Ahnenverbindung kann eine tiefgreifende Veränderung in deinem Leben bewirken. Sie schenkt dir Halt, Stärke und spirituelle Führung. Indem du deine Ahnen ehrst und bewusst mit ihrer Energie arbeitest, öffnest du dich für eine kraftvolle Unterstützung, die über Generationen hinweg wirkt.

Wichtige Erkenntnisse:

- Deine Ahnen sind eine Quelle unermesslicher Weisheit und Kraft.

- Es gibt verschiedene Wege, ihre Energie zu aktivieren, darunter Meditation, Rituale und Traumverbindung.

- Ein Ahnenaltar kann helfen, ihre Präsenz in deinem Leben zu stärken.

- Durch bewusste Kommunikation kannst du Botschaften und Führung von deinen Ahnen empfangen.

- Indem du regelmäßig mit deiner Ahnenenergie arbeitest, kannst du dein Leben auf eine höhere Schwingungsebene bringen.

Nutze die Kraft deiner Ahnen – sie sind immer bei dir, bereit, dich zu unterstützen und mit ihrem Licht zu begleiten.

Kapitel 35: Das Ahnen-Dankbarkeitsritual

35.1 Die Kraft der Dankbarkeit in der Ahnenarbeit

Dankbarkeit ist eine der mächtigsten Energien, die wir in unser Leben integrieren können. Sie hat die Kraft, unser Energiefeld zu erhöhen, unser Herz zu öffnen und uns tiefer mit der Weisheit des Lebens zu verbinden. In der Ahnenarbeit spielt Dankbarkeit eine zentrale Rolle, denn sie erlaubt uns, unsere Verbindung zur Vergangenheit bewusst zu würdigen und gleichzeitig den Weg für eine harmonische Zukunft zu ebnen.

Warum ist Dankbarkeit in der Ahnenheilung so wichtig?

- Sie löst energetische Blockaden und befreit uns von unbewussten Verstrickungen.

- Sie ermöglicht es uns, unsere Ahnen in Liebe und Frieden zu ehren.

- Sie öffnet unser Herz für die positiven Gaben unserer Vorfahren.

- Sie stärkt unser Gefühl der Zugehörigkeit und Identität.

- Sie hilft uns, mit der Vergangenheit in Frieden zu kommen und neue Energie freizusetzen.

Indem wir bewusst Dankbarkeit in unsere Ahnenarbeit integrieren, erschaffen wir ein Feld der Harmonie, das sich auf alle Lebensbereiche ausdehnt.

35.2 Die Vorbereitung auf das Ahnen-Dankbarkeitsritual

Ein Ritual ist eine bewusste Handlung, die unsere Intention in die physische Realität bringt. Bevor du mit dem Ahnen-Dankbarkeitsritual beginnst, ist es wichtig, eine klare Intention zu setzen und eine Atmosphäre der Achtsamkeit zu schaffen.

1. Wähle den richtigen Zeitpunkt

Das Ritual kann jederzeit durchgeführt werden, aber besonders kraftvolle Zeiten sind:

- Ahnenfeste wie Samhain oder Allerheiligen

- Vollmond- oder Neumondnächte

- Geburtstage oder Gedenktage verstorbener Ahnen

- Momente, in denen du dich besonders mit deiner Ahnenlinie verbunden fühlst

2. Bereite einen heiligen Raum vor

- Wähle einen ruhigen Ort, an dem du ungestört bist.

- Reinige den Raum mit Räucherwerk wie Weihrauch, Palo Santo oder Salbei. www.lebensfreudeverlag.de

- Errichte einen kleinen Ahnenaltar mit Fotos deiner Vorfahren, Kerzen und symbolischen Gegenständen.

- Stelle eine Schale mit Wasser als Symbol für Reinigung und Fluss auf.

- Lege Blumen oder andere Naturgaben als Zeichen des Respekts aus.

3. Formuliere deine Dankbarkeitsabsicht

Bevor du beginnst, nimm dir einen Moment, um zu überlegen, wofür du deinen Ahnen danken möchtest. Dies kann sein:

- Ihre Lebensweise, die es dir ermöglicht hat, heute hier zu sein

- Ihre Opfer und Mühen, die zur Entwicklung deiner Familie beigetragen haben

- Die Weisheiten, Talente und Stärken, die sie dir ver-erbt haben

- Ihre Führung und spirituelle Unterstützung

35.3 Die Durchführung des Ahnen-Dankbarkeitsrituals

Das Ritual kann individuell gestaltet werden, doch die folgenden Schritte können dir als Anleitung dienen:

1. Einstimmung und Erdung

- Setze dich an deinen vorbereiteten Ritualplatz und schließe die Augen.

- Atme tief ein und aus, um dich zu zentrieren.

- Stelle dir vor, wie du mit deinen Wurzeln tief in die Erde hineinwächst und gleichzeitig von einem warmen, goldenen Licht umgeben bist.

2. Die Ahnen einladen

- Sprich laut oder in Gedanken:

  - „Geliebte Ahnen, ich rufe euch heute in Liebe und Dankbarkeit zu mir. Ich ehre euch und er-kenne eure Wege an. Danke für alles, was ihr mir und unserer Familie geschenkt habt."

- Visualisiere, wie deine Ahnen sich um dich versammeln und dich mit ihrer liebevollen Präsenz umgeben.

3. Dankbarkeitsbotschaft aussprechen

- Halte deine Hände über dein Herz und spüre die Liebe in dir.

- Sprich bewusst aus, wofür du deinen Ahnen dankst:

  - „Ich danke euch für eure Weisheit, eure Erfahrungen und eure Stärke."

- o „Ich nehme eure positiven Gaben bewusst an und trage sie mit Freude weiter."

- o „Ich sende euch Licht und Liebe für euren Weg, wo immer ihr seid."

- Falls du magst, kannst du eine Kerze für deine Ahnen entzünden.

4. Symbolische Handlung zur Verankerung der Dankbarkeit

- Schreibe einen Dankesbrief an deine Ahnen und verbrenne ihn anschließend als Zeichen des Loslassens und der spirituellen Verbindung.

- Gieße Wasser auf die Erde oder in eine Pflanze als Symbol für den Lebensfluss.

- Lass Blumen oder ein kleines Geschenk für deine Ahnen auf deinem Altar zurück.

5. Abschluss des Rituals

- Bedanke dich bei deinen Ahnen für ihre Anwesenheit und verabschiede sie liebevoll.

- Sprich eine Abschlussformel wie:

- o „Ich danke euch, meine Ahnen, für eure Liebe und euren Segen. Möge euer Licht mich immer begleiten."

- Atme tief ein, öffne die Augen und kehre bewusst ins Hier und Jetzt zurück.

35.4 Die Wirkung des Dankbarkeitsrituals in deinem Leben

Das Ahnen-Dankbarkeitsritual hat nicht nur eine symbolische Bedeutung, sondern wirkt tief in dein Energiesystem hinein. Es kann helfen:

- Innere Harmonie und Frieden zu fördern
- Verstrickungen mit der Vergangenheit zu lösen
- Das Gefühl der Zugehörigkeit und der Ahnenkraft zu stärken
- Neue Lebensenergie und Inspiration zu aktivieren
- Ahnenmuster in positiver Weise zu transformieren

Viele Menschen berichten, dass sie nach dem Ritual eine tiefere Ruhe, Klarheit und innere Kraft verspüren. Das bewusste Erkennen und Ehren der Ahnenenergie öffnet Türen für neue Möglichkeiten und spirituelle Weiterentwicklung.

35.5 Dankbarkeit als Schlüssel zur Ahnenverbindung

Dankbarkeit ist ein kraftvoller Schlüssel, um die Verbindung zu unseren Ahnen zu vertiefen und ihr positives Erbe bewusst in unser Leben zu integrieren. Das Ahnen-Dankbarkeitsritual ermöglicht uns, diese Energie zu aktivieren und uns mit einem Gefühl der Liebe, des Respekts und der Ehrung unserer Vorfahren zu verbinden.

Wichtige Erkenntnisse:

- Dankbarkeit löst energetische Blockaden und bringt Harmonie in die Ahnenlinie.

- Ein bewusster Dank an die Ahnen stärkt unsere Wurzeln und unser Selbstvertrauen.

- Das Ahnen-Dankbarkeitsritual kann individuell gestaltet werden und schafft eine tiefe spirituelle Verbindung.

- Durch Dankbarkeitspraktiken öffnen wir uns für neue Möglichkeiten und innere Transformation.

Indem du regelmäßig Dankbarkeit in deine Ahnenarbeit integrierst, erschaffst du eine heilsame Energie für dich selbst, deine Familie und zukünftige Generationen. Deine Ahnen sind ein Teil von dir – ehre sie mit Liebe, und sie werden dich mit ihrer Kraft unterstützen.

Kapitel 36: Dein neues Leben erschaffen – Bewusst deine Energie lenken

36.1 Die bewusste Entscheidung für dein neues Leben

Nachdem du dich von alten Blockaden befreit und die Kraft deiner Ahnen aktiviert hast, ist es nun an der Zeit, dein neues Leben bewusst zu erschaffen. Deine Energie ist dein wertvollstes Werkzeug, und wenn du sie gezielt lenkst, kannst du ein Leben voller Klarheit, Freude und Selbstbestimmung manifestieren.

Warum ist es wichtig, die eigene Energie bewusst zu lenken?

- Weil du so nicht mehr von alten Mustern gesteuert wirst.

- Weil du dadurch deine Realität nach deinen Wünschen formen kannst.

- Weil es dir ermöglicht, bewusst aus der Opferrolle herauszutreten und zum Schöpfer deines Lebens zu werden.

- Weil es dir hilft, deine Ziele mit Leichtigkeit zu er-reichen.

Das bewusste Lenken deiner Energie erfordert Achtsamkeit und regelmäßige Übung, doch es ist der Schlüssel zu einem erfüllten und harmonischen Leben.

36.2 Klarheit über deine neue Lebensvision gewinnen

Bevor du deine Energie gezielt lenken kannst, brauchst du eine klare Vision für dein Leben. Was möchtest du erschaffen? Welche Gefühle möchtest du täglich erleben? Wie soll sich dein Leben in den kommenden Jahren entwickeln?

Übung: Deine neue Lebensvision formulieren

1. Setze dich an einen ruhigen Ort und schließe die Augen.

2. Atme tief ein und spüre, wie sich dein Körper entspannt.

3. Stelle dir vor, wie dein ideales Leben aussieht. Wo bist du? Was tust du? Wer ist bei dir? Wie fühlst du dich?

4. Öffne die Augen und schreibe deine Vision in einem Notizbuch nieder.

5. Formuliere aus deiner Vision eine klare Absicht:

   o „Ich erschaffe ein Leben voller Freude, Fülle und Liebe."

   o „Ich bin erfolgreich in allem, was ich mit Begeisterung tue."

   o „Ich entscheide mich bewusst für Glück, Gesundheit und inneren Frieden."

36.3 Die Macht deiner Gedanken nutzen

Deine Gedanken formen deine Realität. Alles, was du denkst, sendet eine energetische Frequenz aus, die sich auf dein Leben auswirkt. Deshalb ist es essenziell, achtsam mit deinen Gedanken umzugehen und sie gezielt auszurichten.

Techniken zur positiven Gedankenausrichtung:

- **Affirmationen:** Wiederhole täglich positive Glaubenssätze, um dein Unterbewusstsein neu zu programmieren.

- **Bewusstes Denken:** Achte darauf, wie du über dich selbst und dein Leben sprichst – formuliere bewusst positiv.

- **Dankbarkeitstagebuch:** Schreibe jeden Tag drei Dinge auf, für die du dankbar bist.

- **Visualisierung:** Stelle dir deine Ziele und Wünsche so detailliert wie möglich vor, als wären sie bereits Realität.

Indem du deine Gedanken lenkst, lenkst du auch deine Energie – und somit dein Leben.

36.4 Energiefluss durch tägliche Rituale unterstützen

Rituale helfen, deine Energie gezielt auszurichten und deine innere Balance zu stärken. Sie können dir dabei helfen, deinen Tag mit einer klaren Ausrichtung zu beginnen und alte Muster bewusst loszulassen.

Morgenritual zur Energetisierung:

1. Stehe bewusst auf und beginne den Tag mit tiefer Atmung.

2. Wiederhole eine Affirmation wie:

   o „Ich starte meinen Tag voller Energie und Freude."

3. Trinke ein Glas Wasser mit Dankbarkeit und Visualisierung von Lichtenergie.

4. Nimm dir 5–10 Minuten für eine kurze Meditation oder Körperbewegung.

Abendritual zur Energieklärung:

1. Schließe den Tag mit einer Reflexion ab: Was war heute besonders schön? Wofür bist du dankbar?

2. Lasse alles Belastende bewusst los: Stelle dir vor, wie du alle negativen Gedanken und Energien in Licht auf-löst.

3. Visualisiere dein ideales Morgen und verankere positive Gefühle für den kommenden Tag.

Regelmäßige Rituale helfen dir, deine Energie bewusst zu lenken und deine neue Realität zu stabilisieren.

36.5 Die Kraft der bewussten Handlung

Neben Gedanken und Energiearbeit ist bewusstes Handeln ein essenzieller Schritt, um deine neue Realität zu erschaffen. Ohne konkrete Taten bleiben Visionen und Wünsche nur Ideen. Deshalb ist es wichtig, jeden Tag aktiv Schritte in Richtung deines neuen Lebens zu setzen.

Übung: Deine ersten Schritte planen

1. Schreibe drei Dinge auf, die du täglich tun kannst, um deine neue Energie zu festigen.

2. Mache eine Liste mit konkreten Handlungen, die dich deinem Ziel näherbringen.

3. Erstelle einen Wochenplan und setze bewusste Schritte in Richtung deiner Vision um.

Jeder kleine Schritt bringt dich deinem neuen Leben näher – sei es eine Veränderung deiner Gewohnheiten, eine neue Entscheidung oder eine bewusste Handlung.

36.6 Deine neue Realität bewusst erschaffen

Dein neues Leben ist bereits in dir angelegt – du hast alle Werkzeuge in der Hand, um es bewusst zu gestalten. Indem du deine Energie gezielt lenkst, Klarheit über deine Vision gewinnst, deine Gedanken bewusst ausrichtest, Rituale nutzt und aktiv handelst, kannst du deine Realität in eine neue Richtung lenken.

Wichtige Erkenntnisse:

- Die bewusste Entscheidung für dein neues Leben ist der erste Schritt.

- Deine Gedanken sind mächtige Werkzeuge – nutze sie für positive Manifestation.

- Tägliche Rituale helfen dir, deine Energie gezielt auszurichten.

- Durch bewusstes Handeln erschaffst du eine neue Realität.

- Dein Leben liegt in deinen Händen – du bist der Schöpfer deiner Zukunft.

Jeder Tag bietet dir die Möglichkeit, dein Leben in eine neue Richtung zu lenken. Nutze die Weisheit deiner Ahnen, die Kraft deiner Gedanken und die Energie bewusster Handlungen, um dein höchstes Potenzial zu entfalten.

Kapitel 37: Neue Glaubenssätze in dein System integrieren

37.1 Die Macht der Glaubenssätze – Dein inneres Programm umschreiben

Glaubenssätze sind die unsichtbaren Programme, die unser Denken, Fühlen und Handeln bestimmen. Sie sind tief in unserem Unterbewusstsein verankert und steuern unser Verhalten oft, ohne dass wir es merken. Viele dieser Glaubenssätze haben wir von unseren Eltern, Großeltern oder unserer Kultur übernommen – sie prägen unser Selbstbild, unsere Beziehungen, unsere Finanzen und unsere Lebensqualität.

Warum ist es wichtig, neue Glaubenssätze bewusst zu integrieren?

- Weil alte, limitierende Glaubenssätze uns in unseren Möglichkeiten einschränken.

- Weil unsere Gedanken direkt unsere Realität formen.

- Weil wir unser Leben nur dann bewusst gestalten können, wenn unser Unterbewusstsein auf Erfolg, Glück und Selbstvertrauen programmiert ist.

- Weil du durch neue Glaubenssätze dein volles Potenzial entfalten kannst.

Der Schlüssel zur Transformation liegt darin, die alten, destruktiven Glaubensmuster zu erkennen, sie loszulassen und sie durch kraftvolle, unterstützende Glaubenssätze zu ersetzen.

37.2 Die Entstehung von Glaubenssätzen – Woher kommen sie?

Unsere Glaubenssätze formen sich in der frühen Kindheit, wenn unser Unterbewusstsein noch offen und aufnahmefähig ist. In dieser Phase nehmen wir alles, was uns gesagt wird, ungefiltert auf und speichern es als Wahrheit.

Quellen unserer Glaubenssätze:

- **Elterliche Erziehung:** Aussagen wie „Geld wächst nicht auf Bäumen" oder „Man muss hart arbeiten, um Erfolg zu haben" prägen unser Denken über Finanzen und Erfolg.

- **Kulturelle Einflüsse:** Werte und Überzeugungen einer Gesellschaft, die bestimmen, was „richtig" oder „falsch" ist.

- **Persönliche Erfahrungen:** Traumatische Erlebnisse oder Rückschläge können Überzeugungen wie „Ich bin nicht gut genug" oder „Ich werde immer scheitern" verankern.

- **Ahnenlinie:** Unbewusste Muster und Überzeugungen, die über Generationen weitergegeben werden.

Sobald wir verstehen, woher unsere Glaubenssätze kommen, können wir sie bewusst hinterfragen und neu programmieren.

37.3 Die alten, begrenzenden Glaubenssätze erkennen

Bevor du neue Glaubenssätze in dein System integrieren kannst, musst du die alten erkennen und bewusst loslassen.

Übung: Identifiziere deine limitierenden Glaubenssätze

1. **Schreibe auf, welche Überzeugungen dich in verschiedenen Lebensbereichen beeinflussen:**

    o   Finanzen: „Reiche Menschen sind gierig."

    o   Beziehungen: „Liebe bedeutet Leiden."

    o   Selbstwert: „Ich bin nicht gut genug."

    o   Erfolg: „Ich muss hart kämpfen, um Erfolg zu haben."

2. **Hinterfrage jeden dieser Glaubenssätze:**

    o   Woher stammt diese Überzeugung?

- o Ist sie wirklich wahr oder nur eine übernommene Meinung?

- o Wie beeinflusst sie mein Leben?

Je bewusster dir deine alten Glaubenssätze werden, desto leichter kannst du sie transformieren.

37.4 Neue, stärkende Glaubenssätze formulieren

Sobald du die alten Muster erkannt hast, kannst du sie durch positive und kraftvolle Glaubenssätze ersetzen. Diese neuen Glaubenssätze sollten:

- **Positiv formuliert sein** („Ich bin erfolgreich" statt „Ich bin nicht mehr erfolglos").

- **Im Hier und Jetzt verankert sein** („Ich bin glücklich" statt „Ich werde glücklich sein").

- **Emotionale Kraft haben**, sodass sie sich tief in dein Unterbewusstsein einprägen.

Beispiele für neue Glaubenssätze:

- **Selbstwert:** „Ich bin wertvoll und liebe mich selbst."

- **Erfolg:** „Ich erschaffe mit Leichtigkeit Erfolg in meinem Leben."

- **Beziehungen:** „Ich verdiene liebevolle und erfüllende Beziehungen."

- **Finanzen:** „Geld fließt mühelos in mein Leben."

Diese neuen Affirmationen helfen dir, eine Realität zu erschaffen, die dich unterstützt, anstatt dich zu begrenzen.

37.5 Die neuen Glaubenssätze tief in dein Unterbewusstsein integrieren

Es reicht nicht, neue Glaubenssätze nur einmal aufzuschreiben – du musst sie tief in dein Unterbewusstsein verankern. Hier sind einige effektive Methoden, um das zu tun:

1. Wiederholung durch Affirmationen

- Wiederhole deine neuen Glaubenssätze täglich laut oder in Gedanken.

- Sprich sie mit Emotion und Überzeugung.

- Schreibe sie auf Zettel und verteile sie sichtbar in deinem Zuhause.

2. Visualisierung

- Stelle dir vor, wie du bereits die neue Realität lebst.

- Spüre die Emotionen, als wäre es schon wahr.

- Male dir aus, wie dein Leben mit diesen neuen Glaubenssätzen aussieht.

3. Meditation und Hypnose

- Höre dir geführte Meditationen an, die neue Glaubenssätze im Unterbewusstsein verankern.

- Nutze Selbsthypnose, um alte Muster sanft aufzulösen und durch neue zu ersetzen.

4. Emotional Freedom Techniques (EFT)

- Klopfe sanft auf bestimmte Meridianpunkte, während du deine neuen Glaubenssätze sprichst.

- Diese Methode hilft, alte Blockaden aufzulösen und neue Überzeugungen tief zu verankern.

5. Körperliche Integration

- Bewegung verstärkt neue Glaubenssätze – sage deine Affirmationen während des Gehens, Tanzens oder Joggens.

- Dein Körper speichert Emotionen, deshalb ist es hilfreich, die neue Energie physisch zu spüren.

37.6 Dein Unterbewusstsein neu ausrichten

Die bewusste Integration neuer Glaubenssätze ist ein entscheidender Schritt, um dein Leben nachhaltig zu verändern. Indem du alte, limitierende Überzeugungen loslässt und durch unterstützende, stärkende Glaubenssätze ersetzt, kannst du deine Realität aktiv formen.

Wichtige Erkenntnisse:

- Glaubenssätze steuern unser Denken, Fühlen und Handeln.

- Viele limitierende Glaubenssätze stammen aus der Kindheit oder der Ahnenlinie.

- Durch bewusstes Erkennen und Hinterfragen können alte Muster aufgelöst werden.

- Neue Glaubenssätze müssen regelmäßig wiederholt und tief im Unterbewusstsein verankert werden.

- Methoden wie Affirmationen, Visualisierung, Meditation und EFT unterstützen die Integration.

Indem du deine Glaubenssätze bewusst neu ausrichtest, erschaffst du ein Leben, das deinen höchsten Wünschen entspricht. Du bist der Schöpfer deiner Realität – es ist an der Zeit, dein Unterbewusstsein mit der Kraft deiner neuen Überzeugungen zu füllen!

Kapitel 38: Die eigene Identität unabhängig von Familienmustern gestalten

38.1 Die Prägung durch familiäre Muster

Unsere Familie ist das erste System, in das wir hineingeboren werden. Sie beeinflusst unser Denken, unsere Emotionen, unsere Werte und unsere Überzeugungen. Viele dieser Prägungen sind hilfreich und unterstützen uns auf unserem Lebensweg, doch manche familiären Muster können uns auch unbewusst einschränken. Es ist daher essenziell, zu erkennen, welche Muster übernommen wurden und inwieweit sie mit unserer wahren Identität übereinstimmen.

Warum ist es wichtig, sich von limitierenden Familienmustern zu lösen?

- Um die eigene Individualität zu entdecken und zu leben.

- Um unbewusste Muster, die unser Potenzial einschränken, zu durchbrechen.

- Um alte Glaubenssätze loszulassen, die nicht mehr zu uns passen.

- Um bewusste Entscheidungen für unser eigenes Leben zu treffen.

Der Prozess der Abgrenzung bedeutet nicht, dass wir unsere Familie ablehnen, sondern dass wir uns erlauben, unsere eigene Identität zu gestalten – losgelöst von übernommenen Vorstellungen und Erwartungen.

38.2 Die eigene Identität erkennen und definieren

Bevor du dich von alten Mustern löst, ist es wichtig zu verstehen, wer du wirklich bist. Oft definieren wir uns durch das, was wir gelernt haben oder was von uns erwartet wird. Doch unsere wahre Identität liegt unter all diesen Schichten verborgen.

Übung: Wer bin ich jenseits meiner Familie?

1. Setze dich an einen ruhigen Ort und schließe die Augen.

2. Atme tief ein und stelle dir vor, dass du alle Erwartungen und Glaubenssätze deiner Familie loslässt.

3. Frage dich: Wer bin ich, wenn all diese Muster nicht mehr existieren?

4. Notiere die Antworten, die in dir aufsteigen.

5. Erstelle eine Liste mit Eigenschaften und Werten, die deine wahre Identität beschreiben.

Diese Übung hilft dir, dich von alten Definitionen zu lösen und deine authentische Identität zu entdecken.

38.3 Familienmuster erkennen und hinterfragen

Oft wiederholen sich in Familien bestimmte Muster über Generationen hinweg. Diese können sich in Form von Glaubenssätzen, Verhaltensweisen oder sogar in wiederkehrenden Lebenssituationen zeigen.

Typische Familienmuster:

- „In unserer Familie muss man hart arbeiten, um etwas zu erreichen."

- „Man sollte sich nicht zu sehr in den Vordergrund drängen."

- „Geld ist immer ein Problem in unserer Familie."

- „Frauen/Männer in unserer Familie sind immer stark und dürfen keine Schwäche zeigen."

Übung: Familienmuster aufdecken

1. Denke an wiederkehrende Aussagen oder Überzeugungen, die in deiner Familie oft ausgesprochen wurden.

2. Frage dich, ob diese Überzeugungen für dich heute noch stimmig sind.

3. Notiere, welche Muster du bewusst loslassen möchtest.

Indem du alte Muster bewusst hinterfragst, kannst du dich entscheiden, ob sie noch zu dir passen oder ob du neue Wege gehen möchtest.

38.4 Die emotionale Abgrenzung von Familienmustern

Sich von Familienmustern zu lösen, bedeutet nicht, die Familie abzulehnen. Es geht darum, sich emotional und energetisch abzugrenzen, um die eigene Identität bewusst zu leben.

Methoden zur emotionalen Abgrenzung:

- **Bewusstes Nein-Sagen:** Erlaube dir, deine eigenen Entscheidungen zu treffen, auch wenn sie nicht den Erwartungen deiner Familie entsprechen.

- **Visualisierungsübung:** Stelle dir vor, dass ein schützen-es Lichtfeld dich umgibt und dich vor den Energien limitierender Familienmuster bewahrt.

- **Meditation zur Abgrenzung:** Setze dich in einen ruhigen Raum und stelle dir vor, wie du sanft alte Verbindungen löst und dich mit deiner eigenen Kraft ver-bindest.

- **Tagebuch führen:** Schreibe regelmäßig über deine Erfahrungen, um zu reflektieren, welche Muster dich noch beeinflussen und wie du dich zunehmend davon befreist.

38.5 Neue Glaubenssätze für deine eigene Identität entwickeln

Sobald du alte Muster erkannt und losgelassen hast, kannst du neue, stärkende Glaubenssätze entwickeln, die deine wahre Identität widerspiegeln.

Beispiele für neue Glaubenssätze:

- „Ich bin frei, mein eigenes Leben zu gestalten."

- „Ich darf meine Wahrheit leben, unabhängig von den Erwartungen anderer."

- „Ich ehre meine Familie, doch ich gehe meinen eigenen Weg."

- „Ich bin selbstbestimmt und vertraue auf meine innere Führung."

Wiederhole diese neuen Überzeugungen regelmäßig, um sie tief in deinem Bewusstsein zu verankern.

38.6 Die eigene Identität aktiv gestalten

Die bewusste Entscheidung für eine unabhängige Identität bedeutet, Verantwortung für das eigene Leben zu übernehmen und neue Wege zu beschreiten.

Schritte zur aktiven Identitätsgestaltung:

1. **Werte und Ziele definieren:** Was ist dir wirklich wichtig? Welche Vision hast du für dein Leben?

2. **Neue Gewohnheiten etablieren:** Welche Routinen und Denkweisen unterstützen deine Unabhängigkeit?

3. **Ein Umfeld schaffen, das dich stärkt:** Umgebe dich mit Menschen, die dich ermutigen und inspirieren.

4. **Selbstfürsorge praktizieren:** Lerne, gut für dich selbst zu sorgen und deine eigenen Bedürfnisse an erste Stelle zu setzen.

5. **Feiere deine Fortschritte:** Jeder Schritt in Richtung deiner eigenen Identität ist ein Erfolg – erkenne und würdige deine Entwicklung.

38.7 Deine Identität – frei von Familienmustern

Die Entscheidung, sich von alten Familienmustern zu lösen, ist ein mutiger und heilsamer Schritt in Richtung Selbstbestimmung. Es bedeutet, sich bewusst für das eigene Leben zu entscheiden und eine Identität zu erschaffen, die wirklich zu einem passt.

Wichtige Erkenntnisse:

- Familienmuster prägen unser Denken und Handeln – doch wir haben die Wahl, sie zu hinterfragen.

- Die eigene Identität bewusst zu gestalten, bedeutet, alte Muster loszulassen und neue, unterstützende Überzeugungen zu entwickeln.

- Emotionale Abgrenzung ermöglicht es, ein erfülltes Leben zu führen, ohne familiäre Erwartungen zu erfüllen.

- Neue Glaubenssätze helfen dabei, die eigene Wahrheit zu leben und sich mit der eigenen Kraft zu ver-binden.

- Jeder Mensch hat das Recht, seinen eigenen Weg zu gehen – unabhängig davon, was von ihm erwartet wurde.

Indem du deine wahre Identität entfaltest, lebst du dein Leben in voller Authentizität und Freiheit. Deine Ahnen haben ihren Weg gewählt – jetzt ist es an der Zeit, deinen eigenen zu gehen.

Kapitel 39: Tägliche Routinen zur Stärkung deiner neuen Energie

39.1 Die Bedeutung von täglichen Routinen für deine Energie

Nachdem du dich von alten Blockaden befreit und deine eigene Identität unabhängig von familiären Mustern gestaltet hast, ist es essenziell, deine neue Energie dauerhaft zu stärken. Tägliche Routinen helfen dir dabei, die positive Energie, die du aufgebaut hast, zu stabilisieren und langfristig in dein Leben zu integrieren.

Warum sind tägliche Routinen so wichtig?

- Sie verankern neue Glaubenssätze und stärken deine innere Kraft.

- Sie helfen, alte Muster nicht unbewusst wieder in dein Leben einzuladen.

- Sie fördern deine emotionale und körperliche Balance.

- Sie geben dir eine klare Struktur und helfen dir, bewusst durch den Tag zu gehen.

Durch eine bewusste Morgen- und Abendroutine kannst du deine Energie gezielt lenken und dein Leben mit neuer Kraft gestalten.

39.2 Morgenroutinen für einen kraftvollen Start in den Tag

Der Morgen ist die wichtigste Zeit des Tages, denn hier entscheidest du, welche Energie du in den Tag mitnimmst. Eine bewusste Morgenroutine kann dir helfen, deine neue Energie zu aktivieren und dich in deiner Kraft zu verankern.

1. Meditation und Atemübungen

- Setze dich nach dem Aufstehen für 5–10 Minuten in Stille.

- Atme tief ein und aus und visualisiere, wie frische, goldene Energie deinen Körper erfüllt.

- Wiederhole eine Affirmation wie: „Ich starte meinen Tag voller Energie, Klarheit und Freude."

2. Bewegung und Körperaktivierung

- Beginne den Tag mit sanften Dehnübungen, Yoga oder leichtem Sport.

- Spüre in deinen Körper hinein und aktiviere bewusst deine Muskulatur.

- Diese Bewegung hilft, stagnierende Energien loszulösen und deinen Kreislauf zu aktivieren.

3. Bewusstes Frühstück mit Achtsamkeit

- Nimm dein Frühstück bewusst zu dir und spüre, welche Nahrungsmittel dir wirklich guttun.

- Vermeide Ablenkungen wie Handy oder Fernsehen und konzentriere dich auf die Nährstoffe, die deinen Körper stärken.

4. Tagesintention setzen

- Bevor du deinen Tag beginnst, frage dich: „Welche Energie möchte ich heute ausstrahlen?"

- Schreibe deine Tagesintention in ein Notizbuch oder wiederhole sie innerlich.

- Eine bewusste Absicht hilft dir, den Tag mit Klarheit zu gestalten.

39.3 Kraftvolle Rituale für den Tag

Neben der Morgenroutine gibt es viele kleine Rituale, die du tagsüber in deinen Alltag einbauen kannst, um deine Energie stabil zu halten.

1. Energiepausen bewusst nutzen

- Statt gedankenlos Social Media zu konsumieren, nutze Pausen für bewusste Atemübungen oder kurze Dehnungen.

- Spüre kurz in dich hinein und frage dich: „Wie fühle ich mich gerade?"

2. Dankbarkeitsübung zur Energieerhöhung

- Notiere dir in der Mittagspause drei Dinge, für die du dankbar bist.

- Dankbarkeit hebt sofort deine Schwingung und richtet deinen Fokus auf das Positive.

3. Verbindung zur Natur herstellen

- Falls möglich, gehe nach draußen und verbinde dich mit der Natur.

- Barfußlaufen, ein Baum umarmen oder einfach bewusst frische Luft einatmen kann deine Energie er-neuern.

4. Bewusste Affirmationen in den Tag integrieren

- Stelle dir Erinnerungen auf deinem Handy mit positiven Affirmationen ein.

- Wiederhole bewusst Sätze wie: „Ich bin voller Energie und Lebenskraft."

39.4 Abendroutinen zur Integration und Reflexion

Der Abend ist die beste Zeit, um deinen Tag bewusst abzuschließen und dich auf eine erholsame Nacht vorzubereiten. Eine Abendroutine hilft dir, den Tag in Frieden loszulassen und deine neue Energie zu festigen.

1. Tagesrückblick mit Journaling

- Nimm dir ein Notizbuch und beantworte die Fragen:

  o Was war heute besonders schön?

  o Welche Herausforderungen habe ich gemeistert?

  o Wofür bin ich dankbar?

- Durch diesen bewussten Rückblick kannst du lernen, dein Leben aus einer positiven Perspektive zu betrachten.

2. Entspannungsrituale für tieferen Schlaf

- Nimm ein warmes Bad mit ätherischen Ölen wie Lavendel oder Kamille. www.lebensfreudeverlag.de

- Höre entspannende Musik oder eine geführte Meditation.

- Lese ein inspirierendes Buch, anstatt vor dem Schlafengehen auf einen Bildschirm zu schauen.

3. Energetische Reinigung

- Stelle dir vor, wie du alle Energien des Tages sanft loslässt.

- Reinige dein Energiefeld mit einer kurzen Visualisierung:

- o Stelle dir vor, wie eine Welle aus goldenem Licht durch deinen Körper fließt und alles Be-lastende fortträgt.

- Falls du möchtest, kannst du auch Salbei oder Palo Santo räuchern, um dein Umfeld zu reinigen.
  >> www.lebensfreudeverlag.de

39.5 Langfristige Integration neuer Routinen

Damit deine neuen Routinen zu einem festen Bestandteil deines Lebens werden, ist es wichtig, sie regelmäßig zu prak-tizieren und sie mit Freude zu verknüpfen.

Tipps zur Integration:

- Beginne mit kleinen Schritten und erweitere deine Routinen nach und nach.

- Setze klare Erinnerungen, um deine neuen Gewohnhei-ten nicht zu vergessen.

- Beobachte deine Fortschritte und feiere kleine Er-folge.

- Sei geduldig mit dir selbst – neue Gewohnheiten brau-chen Zeit, um sich tief zu verankern.

39.6 Fazit: Deine tägliche Energie bewusst gestalten

Tägliche Routinen sind ein kraftvolles Werkzeug, um deine Energie bewusst zu lenken und deine Transformation dauerhaft zu stabilisieren. Indem du achtsam mit deinem Morgen, deinem Tag und deinem Abend umgehst, erschaffst du eine stabile energetische Basis für dein neues Leben.

Wichtige Erkenntnisse:

- Deine Morgenroutine bestimmt deine Energie für den Tag – starte bewusst.

- Kleine Rituale über den Tag verteilt helfen dir, deine Schwingung hochzuhalten.

- Eine Abendroutine ermöglicht es dir, den Tag bewusst loszulassen und friedlich zu ruhen.

- Durch regelmäßige Praxis werden diese Routinen zu einer festen Basis für dein Leben.

Indem du deine Energie täglich bewusst lenkst, erschaffst du nicht nur ein kraftvolles, sondern auch ein erfülltes und authentisches Leben. Nutze diese Routinen als Werkzeuge, um dein volles Potenzial zu entfalten und deine neue Realität mit Klarheit und Freude zu gestalten.

Kapitel 40: Zukunftsrituale für dich und deine Nachkommen

40.1 Die Bedeutung von Zukunftsritualen

Zukunftsrituale sind kraftvolle Werkzeuge, um dein Leben bewusst zu gestalten und eine positive Energie für kommende Generationen zu erschaffen. Während die Arbeit mit den Ahnen darauf abzielt, alte Muster zu lösen und Heilung in die Vergangenheit zu bringen, richten Zukunftsrituale deinen Fokus auf das, was du für dich und deine Nachkommen erschaffen möchtest.

Warum sind Zukunftsrituale so wichtig?

- Sie helfen, eine klare Vision für die Zukunft zu manifestieren.

- Sie stärken das Bewusstsein für Verantwortung und persönliche Gestaltungskraft.

- Sie unterstützen eine energetische Verbindung zwischen den Generationen.

- Sie bringen positive Energien und Absichten in dein eigenes Leben und das deiner Nachkommen.

Durch bewusste Rituale kannst du deine Zukunft mit Klarheit und Absicht erschaffen und gleichzeitig deine Ahnenkraft weitertragen.

40.2 Zukunftsvisionen klar definieren

Bevor du ein Zukunftsritual durchführst, ist es wichtig, deine Ziele und Absichten genau zu kennen. Welche Vision hast du für dein Leben? Welche Werte möchtest du an die kommenden Generationen weitergeben?

Übung: Deine Zukunftsvision formulieren

1. Setze dich an einen ruhigen Ort und schließe die Augen.

2. Atme tief ein und stelle dir vor, dass du fünf oder zehn Jahre in der Zukunft bist.

3. Visualisiere dein ideales Leben: Wo bist du? Wer ist bei dir? Wie fühlst du dich?

4. Öffne die Augen und schreibe deine Vision in einem Notizbuch nieder.

5. Formuliere eine klare Absicht für dein Leben und deine Nachkommen:

   o „Ich erschaffe eine Zukunft voller Freude, Fülle und Liebe."

   o „Meine Nachkommen werden in einer harmonischen und kraftvollen Energie aufwachsen."

   o „Ich hinterlasse ein Erbe des Friedens, der Weisheit und der Kraft."

Diese Klarheit hilft dir, deine Energie gezielt auf eine positive Zukunft auszurichten.

40.3 Rituale für die persönliche Zukunft

Deine Zukunft beginnt im Jetzt. Rituale helfen dir, die Energie für deine nächsten Schritte zu setzen und deine Vision mit konkreten Handlungen zu verankern.

1. Das Zukunfts-Tagebuch

- Schreibe regelmäßig über deine Zukunftsträume und Ziele.

- Formuliere deine Einträge immer in der Gegenwart, als ob deine Wünsche bereits Realität sind.

- Lies deine Einträge jeden Morgen oder Abend, um deine Energie darauf auszurichten.

2. Kristall-Ritual zur Zukunftsmanifestation

- Wähle einen Kristall (z. B. Bergkristall für Klarheit oder Rosenquarz für Liebe). www.lebensfreudeverlag.de

- Halte den Kristall in der Hand und sprich deine Zukunftsabsicht laut aus.

- Trage den Kristall bei dir oder platziere ihn an einem besonderen Ort als Erinnerung an deine Vision.

3. Feuerritual zur Transformation

- Schreibe auf ein Blatt Papier, was du in der Zukunft manifestieren möchtest.

- Falte das Papier und verbrenne es in einer sicheren Umgebung.

- Stelle dir vor, wie deine Wünsche durch das Feuer in die Realität transformiert werden.

Diese persönlichen Rituale helfen dir, deine Energie auf eine klare Zukunft auszurichten und deine Manifestationskraft zu stärken.

40.4 Rituale für kommende Generationen

Indem du bewusst positive Energien für deine Nachkommen setzt, erschaffst du ein starkes Fundament für die Zukunft deiner Familie. Diese Rituale helfen, Schutz, Weisheit und Liebe über Generationen hinweg weiterzugeben.

1. Der Ahnenbrief für deine Nachkommen

- Schreibe einen Brief an deine zukünftigen Kinder, Enkel oder Urenkel.

- Teile darin deine wichtigsten Erkenntnisse, Werte und Segenswünsche.

- Bewahre den Brief sicher auf oder übergib ihn, wenn die Zeit reif ist.

2. Das Familien-Segensritual

- Stelle eine Kerze für jedes Familienmitglied auf und entzünde sie nacheinander.

- Sprich für jedes Mitglied einen Segensspruch aus, z. B.:

  - „Mögest du Kraft, Liebe und Weisheit auf deinem Weg erfahren."

  - „Möge dein Leben erfüllt sein mit Freude, Gesundheit und Frieden."

- Lasse die Kerzen eine Weile brennen und spüre die Verbundenheit.

3. Ein Baum pflanzen als Symbol der Ahnenkraft

- Wähle einen Baum, der für deine Familie eine besondere Bedeutung hat.

- Pflanze ihn mit einer klaren Absicht: „Dieser Baum steht für Wachstum, Schutz und Stärke für meine Nachkommen."

- Jedes Jahr kannst du ihn bewusst besuchen und ihm deine Wünsche und Segnungen anvertrauen.

Diese Rituale verankern eine positive Energie, die weit über dein eigenes Leben hinauswirkt.

40.5 Zukunftsrituale für Fülle und Schutz

Neben persönlichen und familiären Zukunftsritualen gibt es spezielle Praktiken, die dabei helfen, Schutz und Wohlstand in dein Leben zu ziehen.

1. Wohlstandsritual für eine sichere Zukunft

- Lege eine goldene oder grüne Kerze auf einen Altar.

- Schreibe auf ein Papier, welche Form von Wohlstand du manifestieren möchtest (materiell, emotional oder spirituell).

- Falte das Papier und lege es unter die Kerze.

- Zünde die Kerze an und stelle dir vor, wie Wohlstand in dein Leben fließt.

2. Schutzritual für deine Familie

- Sammle persönliche Gegenstände oder Fotos deiner Liebsten.

- Bilde daraus einen Kreis und stelle eine Schutzkerze in die Mitte.

- Visualisiere ein goldenes Licht, das deine Familie umhüllt und schützt.

- Sprich eine Schutzformel wie: „Möge Licht und Liebe uns umgeben und sicher führen."

Diese Rituale helfen dir, langfristige Sicherheit und Fülle für dich und deine Liebsten zu erschaffen.

40.6 Deine Zukunft bewusst gestalten

Zukunftsrituale sind ein machtvolles Werkzeug, um deine Energie gezielt auszurichten und eine klare Vision für dein Leben und das deiner Nachkommen zu erschaffen. Durch bewusste Rituale kannst du deine Manifestationskraft stärken und eine liebevolle, geschützte Zukunft aufbauen.

Wichtige Erkenntnisse:

- Zukunftsrituale helfen, Absichten klar zu setzen und energetisch zu verankern.

- Durch persönliche Rituale kannst du deine eigenen Wünsche und Ziele manifestieren.

- Rituale für kommende Generationen geben Weisheit, Liebe und Schutz weiter.

- Spezielle Wohlstands- und Schutzrituale helfen, langfristige Stabilität zu erschaffen.

Indem du bewusst deine Zukunft gestaltest, erschaffst du nicht nur ein erfülltes Leben für dich selbst, sondern auch ein kraftvolles Erbe für deine Nachkommen.

Kapitel 41: Die Ahnenlinie bewusst weiterführen

41.1 Die Bedeutung der bewussten Ahnenarbeit für zukünftige Generationen

Unsere Ahnenlinie ist ein lebendiger Fluss aus Erfahrungen, Wissen, Stärken und spirituellen Energien, die über Generationen hinweg weitergegeben werden. Während viele Menschen sich mit der Heilung vergangener Ahnenmuster beschäftigen, geht es auch darum, bewusst zu entscheiden, welches Erbe wir an unsere Nachkommen weitergeben möchten.

Warum ist es wichtig, die Ahnenlinie bewusst weiterzuführen?

- Um positive Werte und Weisheiten an zukünftige Generationen weiterzugeben.

- Um ein bewusstes, gesundes und erfülltes Familienfeld zu erschaffen.

- Um negative oder belastende Muster aufzulösen und durch konstruktive Energien zu ersetzen.

- Um ein spirituelles Erbe zu hinterlassen, das unseren Nachkommen Orientierung und Stärke gibt.

Indem wir bewusst mit unserer Ahnenlinie arbeiten, erschaffen wir nicht nur für uns selbst Heilung und Klarheit, sondern legen auch ein starkes Fundament für die zukünftigen Generationen.

41.2 Erkennen, was du weitergeben möchtest

Bevor wir bewusst etwas weitergeben können, müssen wir uns fragen, welche Werte, Fähigkeiten und Qualitäten in unserer Ahnenlinie stecken und welche wir weitertragen möchten.

Übung: Bewusstes Erbe gestalten

1. Nimm dir ein Notizbuch und erstelle zwei Listen:

   o Liste 1: Welche positiven Eigenschaften, Talente oder Weisheiten erkenne ich in meiner Ahnenlinie?

   o Liste 2: Welche Muster oder Glaubenssätze möchte ich nicht weitergeben?

2. Reflektiere, welche dieser Qualitäten du bewusst in dein Leben integrieren möchtest.

3. Erstelle eine klare Absicht:

   o „Ich ehre meine Ahnen, indem ich ihre Weisheit mit Liebe weitertrage."

o   „Ich entscheide mich bewusst, nur positive Energien an meine Nachkommen weiterzugeben."

Diese bewusste Reflexion hilft dir, dein familiäres und spirituelles Erbe klar auszurichten.

41.3 Spirituelle Verbindung zur Ahnenlinie stärken

Um unsere Ahnenlinie bewusst weiterzuführen, ist es hilfreich, eine tiefe Verbindung zu unseren Vorfahren herzustellen. Dies kann durch Rituale, Meditationen und bewusste Ahnenarbeit geschehen.

1. Ahnenmeditation zur Verbindung mit der Linie

- Setze dich an einen ruhigen Ort und schließe die Augen.

- Visualisiere deine Ahnen hinter dir, wie sie eine Linie aus Licht und Energie bilden.

- Spüre ihre Kraft, ihre Erfahrungen und ihre Segnungen, die durch dich fließen.

- Sprich eine bewusste Absicht: „Ich nehme die Weisheit meiner Ahnen in Liebe an und gebe sie weiter."

- Bedanke dich für ihre Unterstützung und öffne dich für die positiven Energien, die du weiterführen möchtest.

2. Das Ahnenritual der Segnung

- Errichte einen Ahnenaltar mit Fotos, Kerzen und Gegenständen, die deine Ahnen symbolisieren.

- Schreibe einen Brief an deine Ahnen, in dem du ihnen dankst und ausdrückst, was du von ihnen mitnehmen und weitergeben möchtest.

- Verbrenne den Brief als Symbol der Transformation und des bewussten Weitertragens von Weisheit.

Diese Rituale helfen dir, eine tiefe, bewusste Verbindung zur Ahnenlinie zu stärken.

41.4 Familientraditionen neu definieren und bewusst gestalten

Traditionen sind ein wesentlicher Teil unserer Ahnenlinie. Sie geben Orientierung, Identität und Stabilität. Doch nicht alle überlieferten Traditionen sind hilfreich – manche sind überholt oder beruhen auf limitierenden Glaubenssätzen.

Übung: Traditionen bewusst wählen

1. Notiere alle Traditionen, die in deiner Familie wichtig waren.

2. Überlege: Welche dieser Traditionen stärken und bereichern dich? Welche möchtest du bewusst weiterführen?

3. Erschaffe neue Rituale, die deiner wahren Energie entsprechen.

   o Vielleicht möchtest du neue Feste einführen oder bestehende Traditionen bewusst umwandeln.

   o Schaffe Rituale, die Verbundenheit, Heilung und Liebe fördern.

Indem du bewusst entscheidest, welche Familientraditionen du weiterführst, formst du aktiv eine neue, positive Ahnenlinie.

41.5 Das energetische Feld der Familie stärken

Jede Familie hat ein eigenes Energiefeld, das von den vergangenen und gegenwärtigen Mitgliedern beeinflusst wird. Du kannst aktiv dazu beitragen, dieses Feld zu reinigen und in eine hohe Schwingung zu bringen.

Methoden zur Stärkung des Familienfeldes:

- **Familienheilung durch Meditation:** Stelle dir vor, wie Licht und Liebe durch die Ahnenreihe fließen und Heilung bringen.

- **Bewusste Kommunikation:** Führe Gespräche mit deiner Familie über Werte, Wünsche und positive Veränderungen.

- **Energiearbeit:** Nutze Reiki, Klopfakupressur oder andere Methoden, um alte energetische Blockaden zu lösen.

- **Dankbarkeitspraktiken:** Zeige Dankbarkeit für das Positive, das deine Ahnen hinterlassen haben, und lasse alte Belastungen bewusst los.

41.6 Das spirituelle Erbe an die nächste Generation weitergeben

Kinder und Enkelkinder übernehmen unbewusst energetische Muster ihrer Vorfahren. Indem du bewusst positive Energien in das Familienfeld bringst, hilfst du kommenden Generationen, mit mehr Klarheit und Kraft durchs Leben zu gehen.

Rituale zur bewussten Weitergabe positiver Energien:

- Erzähle Geschichten über deine Ahnen, die Mut und Inspiration schenken.

- Führe Rituale ein, die Achtsamkeit, Dankbarkeit und Spiritualität fördern.

- Schreibe einen Segen oder eine Botschaft für kommende Generationen auf, die ihnen Kraft und Schutz gibt.

41.7 Deine Ahnenlinie bewusst in die Zukunft führen

Die bewusste Weiterführung der Ahnenlinie bedeutet nicht nur, Traditionen zu bewahren, sondern auch, neue Wege zu gehen und die Ahnenenergie in eine lichtvolle Richtung zu lenken. Indem du klar entscheidest, welche Energien du weiterträgst und welche du loslässt, erschaffst du eine neue Realität für dich und kommende Generationen.

Wichtige Erkenntnisse:

- Jede Ahnenlinie trägt wertvolle Weisheiten, die bewusst weitergegeben werden können.

- Durch Rituale, Meditationen und bewusste Reflexion kannst du deine Verbindung zur Ahnenlinie stärken.

- Traditionen und Glaubensmuster können bewusst gewählt und neugestaltet werden.

- Die Heilung des energetischen Feldes deiner Familie wirkt sich positiv auf zukünftige Generationen aus.

- Deine bewusste Entscheidung formt das Erbe, das du hinterlässt.

Indem du deine Ahnenlinie mit Liebe, Klarheit und Bewusstsein weiterführst, erschaffst du nicht nur für dich selbst, sondern auch für kommende Generationen eine lichtvolle Zukunft.

Kapitel 42: Energiearbeit für zukünftige Generationen

42.1 Die Bedeutung von Energiearbeit für kommende Generationen

Die energetische Prägung einer Familie reicht weit über das hinaus, was in der sichtbaren Welt geschieht. Über Generationen hinweg werden nicht nur materielle Werte, sondern auch emotionale, geistige und spirituelle Energien weitergegeben. Während unbewusste Muster und Blockaden oft zu Herausforderungen führen, bietet bewusste Energiearbeit die Möglichkeit, eine kraftvolle und unterstützende Basis für kommende Generationen zu schaffen.

Warum ist Energiearbeit für zukünftige Generationen so wichtig?

- Sie ermöglicht die bewusste Reinigung des familiären Energiefeldes.

- Sie unterstützt die Nachkommen dabei, sich von belastenden Mustern zu befreien.

- Sie schafft ein stabiles, kraftvolles energetisches Fundament für zukünftige Generationen.

- Sie sorgt dafür, dass Weisheit, Liebe und positive Energien in die Familie integriert werden.

Indem wir Energiearbeit gezielt nutzen, können wir nicht nur unser eigenes Leben transformieren, sondern auch den Weg für unsere Kinder, Enkelkinder und alle zukünftigen Generationen ebnen.

42.2 Familienenergetik verstehen und bewusst lenken

Jede Familie bildet ein einzigartiges Energiefeld, das von der Geschichte, den Erfahrungen und den Emotionen der Mitglieder beeinflusst wird. Diese Energie kann entweder eine unterstützende Kraft sein oder als unsichtbare Blockade wirken.

Elemente des Familienenergiefeldes:

- **Emotionale Erinnerungen:** Freude, Liebe, aber auch alte Verletzungen, die im Energiefeld gespeichert sind.

- **Glaubenssätze und Überzeugungen:** Positive wie negative Muster, die über Generationen weitergegeben werden.

- **Spirituelle Verbindungen:** Die Ahnenenergie, die entweder stärkend oder belastend sein kann.

- **Karmische Verstrickungen:** Unbewusste Muster, die bestimmte Lebenssituationen wiederholen lassen.

Durch bewusste Energiearbeit können wir diese Elemente gezielt harmonisieren und eine kraftvolle Basis für zukünftige Generationen erschaffen.

42.3 Reinigung des familiären Energiefeldes

Um eine gesunde und kraftvolle Basis für zukünftige Generationen zu schaffen, ist es essenziell, alte energetische Belastungen aufzulösen. Dies kann durch verschiedene Methoden geschehen.

1. Meditation zur Reinigung des Familienenergiefeldes

- Setze dich an einen ruhigen Ort und atme tief ein und aus.

- Stelle dir vor, dass deine gesamte Ahnenlinie hinter dir steht.

- Visualisiere, wie ein goldenes Licht durch deine Ahnenreihe fließt und alle alten Blockaden transformiert.

- Sprich innerlich: „Ich erlaube Licht, Liebe und Heilung, durch meine Familie zu fließen. Alle alten Muster dürfen nun gehen."

- Bleibe einige Minuten in dieser Energie und spüre die Erleichterung.

2. Räucherung zur energetischen Reinigung des Hauses

- Nutze Salbei, Palo Santo oder Weihrauch, um dein Zuhause und das energetische Feld deiner Familie zu reinigen.

- Gehe mit der Räucherung durch jeden Raum und sprich bewusst: „Ich reinige diesen Raum von allen alten Energien. Hier herrscht jetzt Licht, Liebe und Harmonie."

- Öffne die Fenster, um alte Energien bewusst loszulassen.

3. Familienaufstellung in der Energiearbeit

- Stelle dich mit geschlossenen Augen hin und visualisiere deine Familienmitglieder in einem Kreis um dich herum.

- Spüre, ob sich Energien schwer oder blockiert an-fühlen.

- Stelle dir vor, wie ein Lichtstrahl von oben jede Person mit neuer, positiver Energie erfüllt.

- Sprich innerlich: „Ich segne meine Familie mit Liebe, Klarheit und Heilung."

Diese Methoden helfen, das energetische Feld deiner Familie nachhaltig zu klären und zu harmonisieren.

42.4 Energetischer Schutz für zukünftige Generationen

Um sicherzustellen, dass deine Nachkommen in einem kraftvollen, schützenden Energiefeld aufwachsen, kannst du gezielt energetische Schutzmechanismen einsetzen.

1. Schutzritual für die Familie

- Zünde eine weiße Kerze an und stelle sie in die Mitte eines Kreises aus Familienfotos oder Symbolen deiner Ahnen.

- Sprich: „Ich bitte um Schutz und Führung für meine Familie. Möge nur Licht und Liebe diesen Kreis umgeben."

- Visualisiere eine goldene Schutzkugel um dich und deine Familie.

2. Schutzsteine für die nächste Generation

- Wähle Schutzsteine wie schwarzer Turmalin (für Abgrenzung), Amethyst (für spirituelle Klarheit) oder Rosenquarz (für Liebe und Harmonie).

- Trage diese Steine oder platziere sie im Kinderzimmer, um das Energiefeld deiner Familie zu stabilisieren.

3. Ahnengebete zur energetischen Stärkung

- Formuliere ein tägliches Gebet oder eine Affirmation für deine Familie:

- o „Möge meine Familie in Liebe, Schutz und Klarheit geführt werden."

- o „Ich danke meinen Ahnen für ihre Weisheit und übertrage diese Kraft auf die kommenden Generationen."

- Sprich diese Gebete bewusst aus, um positive Energien in das Feld deiner Nachkommen zu lenken.

Durch diese Schutzmechanismen stärkst du das familiäre Energiefeld und sorgst für eine harmonische, unterstützende Atmosphäre für zukünftige Generationen.

42.5 Heilungskreis für zukünftige Generationen

Ein besonders kraftvolles Ritual zur energetischen Stärkung der Familie ist der Heilungskreis.

Anleitung für einen Heilungskreis:

1. Versammle deine Familie oder stelle dir geistig deine Ahnen und Nachkommen vor.

2. Halte die Hände in einer Gebetshaltung und spüre, wie Energie durch dich fließt.

3. Visualisiere, wie ein goldenes Licht jeden Anwesenden mit Liebe und Schutz umhüllt.

4. Sprich eine kollektive Segnung:

   ○ „Unsere Familie ist stark, beschützt und voller Licht."

   ○ „Alle Generationen vor und nach mir sind in Harmonie verbunden."

5. Lasse das Licht in die Erde fließen, um es dauerhaft zu verankern.

Dieser Heilungskreis kann regelmäßig durchgeführt werden, um die Energie deiner Familie nachhaltig zu stärken.

42.6 Die Kraft der Energiearbeit für kommende Generationen

Durch bewusste Energiearbeit kannst du nicht nur dein eigenes Leben transformieren, sondern auch ein kraftvolles Erbe für deine Nachkommen hinterlassen. Die bewusste Reinigung, der energetische Schutz und die Stärkung des Familienfeldes sorgen dafür, dass zukünftige Generationen mit Liebe, Klarheit und Kraft ihren Weg gehen können.

Wichtige Erkenntnisse:

• Jede Familie hat ein einzigartiges Energiefeld, das bewusst gereinigt und gestärkt werden kann.

- Zukunftsgerichtete Energiearbeit hilft, alte Blockaden aufzulösen und ein stabiles Fundament für kommende Generationen zu schaffen.

- Schutzrituale und Heilungskreise stärken das familiäre Energiefeld nachhaltig.

- Durch bewusste Ahnenarbeit können positive Energien an die Nachkommen weitergegeben werden.

Indem du regelmäßig Energiearbeit praktizierst, schaffst du eine liebevolle, geschützte und kraftvolle Basis für zukünftige Generationen. Deine bewussten Handlungen heute formen die Welt von morgen.

Kapitel 43: Abschlussritual für den Übergang in dein neues Leben

43.1 Die Bedeutung des Abschlussrituals

Nach der intensiven Arbeit an der Heilung der Ahnenlinie und der bewussten Gestaltung der Energie für kommende Generationen ist es nun an der Zeit, diesen Übergang bewusst zu vollziehen. Ein Abschlussritual markiert das Ende eines alten Zyklus und öffnet die Türen für dein neues Leben. Es dient dazu, die Transformation auf einer tiefen energetischen Ebene zu verankern und bewusst Abschied von alten Mustern zu nehmen.

Warum ist ein Abschlussritual so wichtig?

- Es hilft, das Alte loszulassen und inneren Frieden zu finden.

- Es setzt eine bewusste Absicht für die neue Phase deines Lebens.

- Es stärkt die energetische Verbindung zu deiner Ahnenlinie in einer positiven, kraftvollen Weise.

- Es dient als Symbol für deinen persönlichen Neubeginn.

Mit diesem Ritual schließt du den Prozess der Ahnenheilung ab und öffnest dich für eine Zukunft voller Klarheit, Freude und Selbstbestimmung.

43.2 Vorbereitung auf das Ritual

Bevor du das Abschlussritual durchführst, ist es hilfreich, eine bewusste Vorbereitung zu treffen. Dies ermöglicht dir, mit klarem Geist und offener Seele in diesen Übergang einzutreten.

1. Wähle einen geeigneten Zeitpunkt

Das Ritual sollte an einem Tag stattfinden, an dem du Zeit und Ruhe hast. Besonders kraftvoll sind Vollmond- oder Neumondnächte sowie persönliche Wendepunkte wie Geburtstage oder Jahrestage.

2. Erschaffe einen heiligen Raum

- Wähle einen Ort, an dem du ungestört bist.

- Reinige den Raum mit Räucherwerk wie Salbei, Palo Santo oder Weihrauch. www.lebensfreudeverlag.de

- Platziere eine Kerze in der Mitte als Symbol für das Licht der Transformation.

- Lege persönliche Gegenstände oder Ahnenfotos bereit, um deine Verbindung zur Ahnenlinie bewusst zu machen.

3. Setze deine Absicht

Überlege dir, was du mit diesem Ritual erreichen möchtest. Möchtest du endgültig alte Muster loslassen? Eine klare Vision für dein neues Leben setzen? Dann formuliere eine Absicht wie:

- „Ich lasse alles Alte los und öffne mich für mein neues Leben in Liebe und Klarheit."

- „Ich ehre meine Ahnen und nehme nur das Lichtvolle aus meiner Ahnenlinie mit."

- „Ich trete mit Vertrauen in die nächste Phase meines Lebens."

Diese bewusste Entscheidung ist essenziell für die Kraft des Rituals.

43.3 Durchführung des Abschlussrituals

Das Ritual selbst besteht aus verschiedenen symbolischen Handlungen, die dir helfen, bewusst den Übergang in dein neues Leben zu vollziehen.

1. Reinigung und Erdung

- Setze dich bequem hin und schließe die Augen.

- Atme tief ein und stelle dir vor, wie weißes Licht durch deinen Körper fließt und alle alten Energien auflöst.

- Spüre, wie du fest mit der Erde verbunden bist, wie Wurzeln aus deinen Füßen wachsen und dich stabilisieren.

2. Verbrennung alter Muster

- Schreibe auf ein Blatt Papier alles, was du loslassen möchtest: alte Ängste, belastende Glaubenssätze, Verstrickungen aus deiner Ahnenlinie.

- Lies die Worte laut vor und verbrenne das Papier in einer feuerfesten Schale.

- Während das Papier verbrennt, sprich:

  - „Ich lasse los, was mir nicht mehr dient. Ich öffne mich für ein Leben voller Licht und Liebe."

- Spüre bewusst die Erleichterung, die durch dieses Loslassen entsteht.

3. Dankbarkeitszeremonie für die Ahnen

- Nimm ein zweites Blatt Papier und schreibe darauf, wofür du deinen Ahnen dankbar bist.

- Lies deine Dankbarkeitsbotschaft laut vor.

- Platziere das Papier auf deinem Ahnenaltar oder bewahre es an einem besonderen Ort auf.

- Sprich:
  - „Ich danke meinen Ahnen für ihre Weisheit, ihre Kraft und ihre Liebe. Ich trage das Licht meiner Ahnen in mir.“

4. Manifestation deines neuen Lebens

- Nimm ein drittes Blatt Papier und schreibe deine Vision für dein neues Leben auf.

- Formuliere es so, als ob es bereits Realität ist:
  - „Ich lebe mein Leben voller Freude, Klarheit und Liebe.“
  - „Ich bin frei von alten Mustern und gehe meinen eigenen Weg mit Leichtigkeit.“
  - „Ich manifestiere eine Zukunft voller Fülle und Erfüllung.“

- Falte das Papier und lege es unter deine Kerze.

- Zünde die Kerze an und visualisiere, wie sich deine neue Realität manifestiert.

5. Segnungsritual und Abschluss

- Stelle dir vor, wie goldenes Licht von oben durch dich hindurchfließt und dich in deiner neuen Energie stärkt.

- Sprich eine Abschlussaffirmation:

  - „Ich bin bereit für mein neues Leben. Ich bin geführt und beschützt. "

- Lösche die Kerze mit Dankbarkeit und spüre, wie das Ritual in dir nachwirkt.

43.4 Integration des Rituals in den Alltag

Das Abschlussritual ist ein kraftvoller Moment des Übergangs. Doch die wahre Veränderung geschieht in den Tagen und Wochen danach. Hier sind einige Möglichkeiten, wie du die Energie des Rituals in dein Leben integrieren kannst:

- **Führe ein Tagebuch**, in dem du deine Erfahrungen und Gefühle nach dem Ritual festhältst.

- **Erstelle tägliche Affirmationen**, um deine neue Energie bewusst zu verankern.

- **Gestalte ein Vision Board**, das deine neuen Ziele und Träume sichtbar macht.

- **Sei achtsam**, welche neuen Möglichkeiten sich in deinem Leben zeigen und handle entsprechend.

Jedes Mal, wenn du dich wieder in alte Muster zurückfallen fühlst, erinnere dich an dieses Ritual und an deine bewusste Entscheidung für dein neues Leben.

43.5 Dein bewusster Übergang in eine neue Realität

Das Abschlussritual ist ein kraftvoller symbolischer Akt, der dir hilft, die Transformation der Ahnenheilung bewusst abzuschließen und deine neue Lebensenergie zu verankern. Es markiert den Moment, in dem du das Alte loslässt und dich voller Vertrauen in dein neues Leben begibst.

Wichtige Erkenntnisse:

- Ein bewusstes Abschlussritual setzt die Energie für deinen Neuanfang.

- Loslassen alter Muster ist essenziell, um Platz für Neues zu schaffen.

- Dankbarkeit gegenüber den Ahnen stärkt die positive Verbindung und die eigene innere Kraft.

- Die bewusste Manifestation neuer Energien hilft, deine Vision in der Realität zu verankern.

- Integration des Rituals in den Alltag stabilisiert die Transformation nachhaltig.

Indem du diesen bewussten Übergang gestaltest, öffnest du dich für ein Leben voller Möglichkeiten, Licht und Freude. Deine Ahnen stehen hinter dir – nun ist es an der Zeit, deinen eigenen Weg mit Klarheit und Selbstbestimmung zu gehen.

Kapitel 44: Bonusmaterial

44.1 Einführung: Warum ein Bonuskapitel?

Nachdem du nun die Reise der Ahnenheilung durchlaufen hast, ist es wichtig, die erlernten Techniken und Rituale nachhaltig in dein Leben zu integrieren. Dieses Bonuskapitel dient als praktisches Nachschlagewerk mit einer täglichen Praxis zur Ahnenheilung, einer Checkliste für deine persönliche Reise, einer Zusammenfassung der wichtigsten mentalen Techniken sowie einer Liste empfohlener Ressourcen zur Vertiefung.

44.2 Tagesritual zur Ahnenheilung

Ein tägliches Ritual kann dir helfen, deine Verbindung zur Ahnenlinie zu pflegen, deine Energie auszurichten und alte Muster kontinuierlich zu transformieren. Dieses Ritual ist einfach durchzuführen und dauert nur wenige Minuten.

Schritte für das tägliche Ahnenheilungsritual:

1. **Morgenmeditation (5 Minuten)**

    o Setze dich an einen ruhigen Ort.

    o Schließe die Augen und atme tief ein.

- Stelle dir ein goldenes Licht vor, das von deinen Ahnen kommt und dich umgibt.

- Sprich innerlich: „Ich ehre meine Ahnen, nehme ihr Licht in Liebe an und lasse alle alten Belastungen los."

2. Dankbarkeitsaffirmation (2 Minuten)

- Sage laut oder in Gedanken: „Ich danke meinen Ahnen für ihre Erfahrungen, ihre Weisheit und ihre Führung."

- Spüre bewusst die Energie der Dankbarkeit in dir.

3. Bewusste Entscheidung für den Tag (3 Minuten)

- Frage dich: „Welche Energie möchte ich heute ausstrahlen?"

- Setze eine klare Absicht, z. B. „Heute bin ich voller Frieden und Klarheit."

4. Energieklärung am Abend (5 Minuten)

- Stelle dir vor, wie du alle fremden Energien des Tages loslässt.

- Atme tief ein und aus und visualisiere, wie goldenes Licht deinen Körper reinigt.

- o Sprich eine Abschlussaffirmation wie: „Ich entlasse alles, was nicht zu mir gehört, und empfange nur Liebe und Heilung."

Dieses einfache Ritual hilft dir, deine Ahnenarbeit kontinuierlich zu integrieren und dein Energiefeld zu stabilisieren.

44.3 Checkliste für deine persönliche Ahnenheilungsreise

Diese Checkliste dient als Leitfaden, um deine Ahnenheilung zu strukturieren und zu überprüfen, welche Schritte du bereits gegangen bist.

Bewusstwerden & Erkenntnis

- Habe ich meine wichtigsten familiären Muster erkannt?

- Habe ich eine Liste mit positiven und belastenden Glaubenssätzen aus meiner Ahnenlinie erstellt?

- Habe ich mir bewusst gemacht, welche Energien ich loslassen und welche ich bewahren möchte?

Heilung & Transformation

- Habe ich Rituale zur Loslösung alter Muster durchgeführt?

- Habe ich mit Vergebungsarbeit begonnen?

- Nutze ich Techniken wie EFT, Visualisierungen oder Meditationen zur Transformation?

Integration & Weitergabe

- Habe ich mein persönliches Ahnenritual etabliert?

- Pflege ich regelmäßig die Verbindung zu meinen Ahnen?

- Habe ich entschieden, welche positiven Werte ich an die nächste Generation weitergeben möchte?

Diese Checkliste hilft dir, deine Reise strukturiert zu gestalten und immer wieder auf den aktuellen Stand zu bringen.

44.4 Zusammenfassung der wichtigsten mentalen Techniken

Im Verlauf des Buches hast du verschiedene mentale Techniken kennengelernt. Hier findest du eine Übersicht der wirkungsvollsten Methoden zur Ahnenheilung und persönlichen Transformation.

1. Visualisierungstechniken

- Stell dir deine Ahnen in einem Kreis um dich vor und empfange ihre Energie.

- Nutze das innere Bild eines goldenen Lichtstroms, der durch deine Ahnenlinie fließt.

2. Affirmationen & Neuprogrammierung

- Ersetze alte Glaubenssätze durch neue, unterstützende Affirmationen.

- Beispiele:

  - „Ich bin frei von alten Mustern und gestalte mein Leben bewusst."

  - „Meine Ahnen stehen hinter mir und geben mir Kraft."

3. EFT (Emotional Freedom Techniques)

- Klopfe sanft auf bestimmte Energiepunkte deines Körpers, während du belastende Emotionen loslässt.

- Beispiel: Während du auf den Handkantenpunkt klopfst, sage: „Ich lasse alle alten Muster in Liebe los."

4. Meditation zur Ahnenheilung

- Regelmäßige Meditationen stärken deine Verbindung zur Ahnenwelt.

- Stelle dir deine Ahnen als unterstützende Lichtwesen vor, die dich begleiten.

Diese Techniken sind essenziell, um langfristig positive Veränderungen in deinem Energiefeld zu verankern.

44.5 Deine Ahnenarbeit als fortlaufender Prozess

Dieses Bonuskapitel soll dir helfen, deine Ahnenarbeit nachhaltig in dein Leben zu integrieren. Der Prozess der Ahnenheilung ist kein einmaliger Akt, sondern eine fortlaufende, bewusste Praxis. Je mehr du dich mit deiner Ahnenlinie verbindest und bewusste Rituale praktizierst, desto tiefer kannst du die Transformation erleben.

Wichtige Erkenntnisse:

- Eine tägliche Praxis hilft, die Verbindung zur Ahnenlinie aufrechtzuerhalten.

- Die Checkliste unterstützt dich, deinen individuellen Weg zu reflektieren.

- Mentale Techniken wie Affirmationen, EFT und Visualisierungen stärken die Transformation.

- Weiterführende Ressourcen geben dir Impulse für deine vertiefende Arbeit.

Indem du diese Werkzeuge regelmäßig nutzt, kannst du nicht nur dein eigenes Leben bereichern, sondern auch das Energiefeld deiner Familie dauerhaft in eine neue Richtung lenken. Deine Ahnen stehen hinter dir – und du hast die Kraft, ihr Erbe bewusst zu gestalten.

Kapitel 45: Empfehlung zur Vertiefung und Heilung

Wenn du hier angekommen bist, hast du sicherlich eine aufregende, spannende und sicher wohl auch erkenntnisreiche Reise mit dir und mit deinen Ahnen erlebt!

Und ich weiß, was es heißt, sich zu stellen, sich selbst und seiner Vergangenheit gegenüber, und auch energetisch generationsübergreifend! Daher hier an dieser Stelle meinen vollen Respekt und meine für deine Arbeit und dein Wirken!

Und ich weiß auch, wie man sich fühlt, und wie sehr man sich auch ganz tief innen wünscht, dass man jemandem begegnet, der einem an dieser Stelle und mit dieser Thema, an dem man sich gerade befindet, versteht und jemand, der einem professionell begleitet, damit auch wirklich endlich alles gelöst wird und gelöst ist!

Darum lade ich dich ein, nicht auf halber Strecke und kurz vor dem Ziel aufzugeben, sondern dich von mir eine Zeit lang mit einem speziellen und intensiven Coaching für die Heilung deiner Ahnen und die deines Lebens professionell begleiten zu lassen!

Gib den Link in deinen Browser ein oder scanne den QR-Code, und hol dir alle Infos für diese Begleitung! Natürlich 100% unverbindlich und kostenlos.

Und in einem gemeinsamen Gespräch schauen wir gemeinsam intensiv und tief hin, ob es vielleicht noch versteckte geheime Muster und Energien gibt, die du unbedingt noch lösen solltest, damit deine Ahnen, du und auch die Generationen, die nach dir kommen, endlich frei sind!

Sei herzlich bedacht und gesegnet, gegrüßt und bewundert, dich diesem Thema gestellt zu haben! Ich wünsche dir die beste Zeit in deinem Leben zu erleben und, dass du stets getragen wirst von Liebe, Glück, Harmonie, und tiefem inneren Frieden!

Alle Gute!
Alle Liebe!
Namaste
Dein Chris

Hier kostenlos und unverbindlich dein Beratungs-Gespräch buchen:

https://www.soul-master-circle.de/ahnenheilung/

Oder den QR-Code scannen:

Über den Autor

Chris Hohlstamm von Dehnen

Chris Hohlstamm von Dehnen ist ein renommierte Lebenslehrer und Therapeut, dessen Arbeit tiefgreifende Transformationen ermöglicht. Mit seiner unverwechselbaren tiefgründigen Art und seinem einzigartigen Zugang zu seinen Klienten und zu deren Unterbewusstsein hat er es sich zur Lebensaufgabe gemacht, Menschen dabei zu helfen, sich von allen Lasten zu befreien, die „Leben und Leichtigkeit" verhindern oder blockieren.

Chris kombiniert seine intensive mentale und spirituelle Gabe mit einer fundierten Ausbildung in therapeutischen Methoden und energetischer Arbeit. Dadurch schafft er einen einfühlsamen und gleichzeitig praxisnahen Ansatz, der sowohl spirituell Suchende als auch Menschen in herausfordernden Lebensphasen unterstützt.

Sein Lebensweg selbst ist geprägt von zahlreichen intensiven Erfahrungen, ob spirituell, transformatorisch, aber auch schicksalhaft. Diese zahlreichen Erfahrungen öffneten ihm die Tür zu energetischen und menschlichen Ebenen und Dimension, die für viele nicht mehr greifbar sind. Über die Jahre verfeinerte er seine außergewöhnlichen Fähigkeiten des Fühlens und Sehens und entwickelte daraus Techniken, um ganzheitlich Hilfe zur Selbsthilfe anbieten zu können.

Sein Anspruch an sich selbst und an seine Arbeit – die er schon in jungen Jahren als Berufung ansah und heute noch ansieht – zeigt sich in seiner Hingabe an seine Klienten und deren Herausforderungen. Seine Arbeit basiert auf dem festen Glauben, dass alle Probleme lösbar sind alles dienlich ist und uns auf unserem Weg nur helfen, heilen und stärken will.

Mit seinem Wissen und seiner 30-jährigen Praxis-Erfahrung möchte er auch mit diesem Werk hier inspirieren, das eigene Leben als etwas Besonderes zu erkennen und das Beste aus jedem einzelnen Augenblick zu erschaffen.

Chris' Lehren sind geprägt von einer tiefen Überzeugung:

„Wir sind nicht nur Menschen, die spirituelle Erfahrungen machen – wir sind spirituelle Wesen, die eine menschliche Erfahrung durchleben."

Diese Überzeugung und Botschaft zieht sich durch all seine Seminare, Workshops und Bücher und lädt dazu ein, das Leben aus einer neuen, bereichernden Perspektive zu betrachten.

Namasté

Weitere Bücher von Chris Hohlstamm von Dehnen

Erhältlich unter: **www.lebensfreudeverlag.de**

 **Im Licht deiner Seele**
Heilung finden –
Hoffnung leben –
Stärke entfalten
12,70 €

 **Wenn du nicht aufwachst, stirbst du tot!**
Deine Reise zu einem bewussten Leben!
12,70 €

Bodhisattva

Vom gemobbten
Pfarrerssohn zum
Therapeuten und
Menschenfreund

17,70 €

4Wie Sie spielend
Ihr Traumleben
verwirklichen

... und innerlich &
äußerlich reich werden!

7,50 €

Die Reise ins Licht

Spirituelle Praktiken für kosmische Energie, Selbstvertrauen und Ganzheitliches Bewusstsein!

8,70 €

7 Methoden, um dich von negativen Energien zu befreien

11,11 €

Der Geldfluss-Code
Überwinde limitierende Glaubenssätze und erlebe die natürliche Anziehung von Glück und Wohlstand!
12,70 €

Sie sind ein Glückspilz
Der Ratgeber für eine grandios glückliche Lebenszeit!
14,90 €

Die 25 goldenen Glücksregeln

… für ein Leben in Wohlstand, Reichtum und Harmonie!
17,90 €

9 Schritte zu Unerschütterlichem Selbstvertrauen

Steigere Dein Selbstbewusstsein, Deine Energy, Kraft und Leistungsfähigkeit, …
14,90 €

4Erste Hilfe für die Partnerschaft

32 praktische Tipps, wie ihr Konflikte einfach lösen könnt, damit Harmonie und Liebe wieder sicht- und spürbar werden!

12,70 €

Engel-Kontakt

Haben Sie schon mal einen Engel gesehen?

16,90 €

Business meets Kampfkunst

Erfolgs-Strategien für Selbstständige, Führungskräfte und Unternehmer!

16,90 €

Erfolg ist D/eine Entscheidung

Erfolg ist kein Zufall! Er ist das Ergebnis bewusster Entscheidungen.

19,70 €